(晉)陳壽撰

三國志

廣陵書社

中國·揚州

图书在版编目(CIP)数据

三國志/(晉)陳壽撰.—揚州:廣陵書社,2007.7
(2013.2重印)
ISBN 978-7-80694-186-7

Ⅰ.三… Ⅱ.陳… Ⅲ.中國-古代史-三國時代-紀傳體 Ⅳ.K236.042

中國版本圖書館CIP數據核字(2007)第118009號

三國志

撰　者　(晉)陳　壽
責任編輯　胡　珍
出版人　曾學文
出版發行　廣陵書社
社　址　揚州市維揚路三四九號
郵　編　二二五〇〇九
電　話　(〇五一四)八五二二八〇八八　八五二二八〇八九
印　刷　金壇市古籍印刷廠有限公司
版　次　二〇〇七年七月第一版
印　次　二〇一三年二月第三次印刷
標準書號　ISBN 978-7-80694-186-7
定　價　陸佰圓整(全陸册)

http://www.yzglpub.com　E-mail:yzglss@163.com

出版說明

《三國志》，西晉陳壽撰。記載了繼東漢後出現的魏、蜀、吳三國鼎立時期的歷史，與《史記》、《漢書》、《後漢書》并稱爲「前四史」。

陳壽，字承祚，巴西安漢（今四川南充）人。生于蜀建興十一年（二三三），卒于晉惠帝元康七年（二九七），年六十五歲。少好學，師事史學家譙周。仕蜀，爲散騎黄門侍郎。後歸晉，歷任著作郎、治書侍御史。

《三國志》共六十五卷，其中《魏書》三十卷，《蜀書》十五卷，《吳書》二十卷。不僅記録了三國時期政治、經濟、軍事方面的相關人物以及在學術思想、文學、藝術、科學技術上有貢獻之人，還記載了國内少數民族和鄰國的歷史。其書以魏爲正統，魏志列全書之首，稱曹操、曹丕、曹叡爲帝，除劉備父子和孫權稱主外，孫亮等都稱名。蜀、吳君主即位，都記魏的年號，以明正朔所在。

《三國志》成書前，魏、吳兩國已先有官修及私撰的史書，如王沈的《魏書》、魚豢的《魏略》、韋昭的《吳書》。這三種書是陳壽依據的基本材料。蜀國無史，由陳壽自己采集資料寫成。陳壽對于材料的取捨比較審慎，文字也以簡潔見長，「雖文艷不若相如，而質直過之」，時人稱其善敘事，有良史之才。但是由于陳壽見到的史料有限，所以三書的内容都不够充實，後來裴松之給它作注時就評價其「失之于略，時有所脱漏」。正出于此原因，《三國志》没有典章制度方面的志，這是它的一個缺陷。

三國志

出版説明

本書現在通行四種版本，即百衲本、清武英殿本、金陵活字本和江南書局刻本。其中除百衲本外，其餘三種在重刻時都出現了一些錯字。百衲本據宋紹興、紹熙兩種刻本配合影印，錯誤較少。

本社此次出版的《三國志》即以百衲本爲底本，同時參考已有的整理成果，如《古籍點校疑誤彙録》等，擇善而從。刻本中有較多的古體字和異體字，處理時，本着既保存古書面貌又便利讀者的原則，凡是古體字一律予以保留，人名和地名中的異體字基本保留，其餘異體字改成現在通行的字。對于刻本中同一地名或人名在不同處寫法不同的，如「綿竹」與「緜竹」、「龐惠」與「龐德」等，統一爲一種寫法，以免給讀者帶來不必要的麻煩。

全書采用繁體豎排，以傳統的宣紙綫裝形式出版，便于閱讀，適于收藏。相信會受到讀者的歡迎。

廣陵書社

二〇〇七年五月

目錄

三國志

目錄

第六冊

魏書

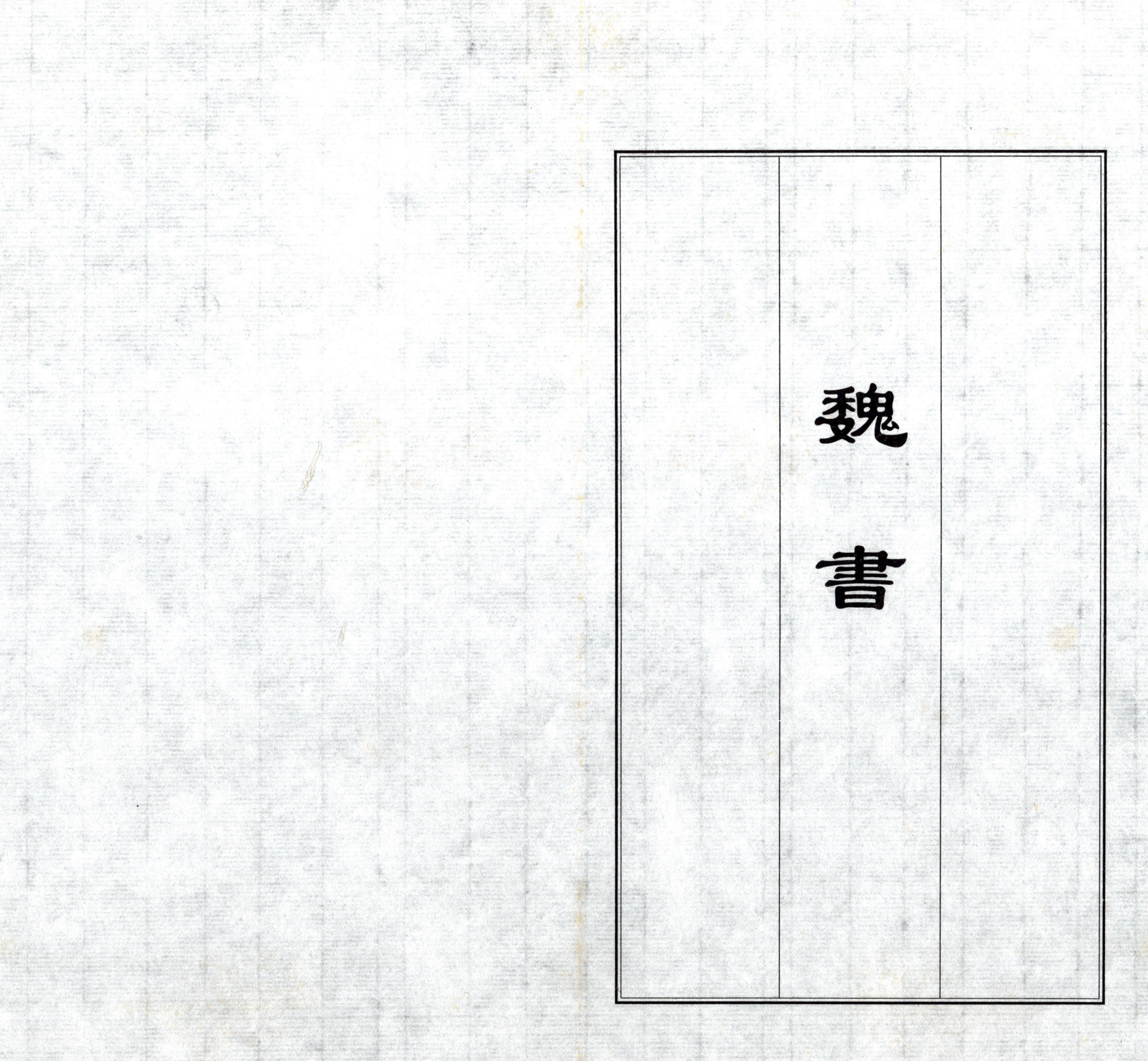

跋書

三國志卷一

魏書一

武帝紀第一

太祖武皇帝，沛國譙人也，姓曹，諱操，字孟德，漢相國參之後。桓帝世，曹騰爲中常侍大長秋，封費亭侯。養子嵩嗣，官至太尉，莫能審其生出本末。嵩生太祖。

太祖少機警，有權數，而任俠放蕩，不治行業，故世人未之奇也；惟梁國橋玄、南陽何顒異焉。玄謂太祖曰：『天下將亂，非命世之才不能濟也，能安之者，其在君乎！』年二十，舉孝廉爲郎，除洛陽北部尉，遷頓丘令，徵拜議郎。

光和末，黄巾起。拜騎都尉，討潁川賊。遷爲濟南相，國有十餘縣，長吏多阿附貴戚，贓污狼藉，於是奏免其八；禁斷淫祀，姦宄逃竄，郡界肅然。久之，徵還爲東郡太守；不就，稱疾歸鄉里。頃之，冀州刺史王芬、南陽許攸、沛國周旌等連結豪傑，謀廢靈帝，立合肥侯，以告太祖，太祖拒之。芬等遂敗。

金城邊章、韓遂殺刺史、郡守以叛，衆十餘萬，天下騷動。徵太祖爲典軍校尉。會靈帝崩，太子即位，太后臨朝。大將軍何進與袁紹謀誅宦官，太后不聽。進乃召董卓，欲以脅太后，卓未至而進見殺。卓到，廢帝爲弘農王而立獻帝，京都大亂。卓表太祖爲驍騎校尉，欲與計事。太祖乃變易姓名，間行東歸。出關，過中牟，爲亭長所疑，執詣縣，邑中或竊識之，爲請得解。卓遂殺太后及弘農王。太

祖至陳留，散家財，合義兵，將以誅卓。冬十二月，始起兵於己吾，是歲中平六年也。

初平元年春正月，後將軍袁術、冀州牧韓馥、豫州刺史孔伷、兗州刺史劉岱、河內太守王匡、勃海太守袁紹、陳留太守張邈、東郡太守橋瑁、山陽太守袁遺、濟北相鮑信同時俱起兵，衆各數萬，推紹爲盟主。太祖行奮武將軍。

二月，卓聞兵起，乃徙天子都長安。卓留屯洛陽，遂焚宮室。是時紹屯河內，邈、岱、瑁、遺屯酸棗，術屯南陽，伷屯潁川，馥在鄴。卓兵强，紹等莫敢先進。太祖曰：『舉義兵以誅暴亂，大衆已合，諸君何疑？向使董卓聞山東兵起，倚王室之重，據二周之險，東向以臨天下；雖以無道行之，猶足爲患。今焚燒宮室，劫遷天子，海內震動，不知所歸，此天亡之時也。一戰而天下定矣，不可失也。』遂引兵西，將據成皋。邈遣將衛兹分兵隨太祖。到滎陽汴水，遇卓將徐榮，與戰不利，士卒死傷甚多。太祖爲流矢所中，所乘馬被創，從弟洪以馬與太祖，得夜遁去。榮見太祖所將兵少，力戰盡日，謂酸棗未易攻也，亦引兵還。

太祖到酸棗，諸軍兵十餘萬，日置酒高會，不圖進取。太祖責讓之，因爲謀曰：『諸君聽吾計，使勃海引河內之衆臨孟津，酸棗諸將守成皋，據敖倉，塞轘轅、太谷，全制其險；使袁將軍率南陽之軍軍丹、析，入武關，以震三輔：皆高壘深壁，勿與戰，益爲疑兵，示天下形勢，以順誅逆，可立定也。今兵以義動，持疑而不進，失天下之望，竊爲諸君恥之！』邈等不能用。

太祖兵少，乃與夏侯惇等詣揚州募兵，刺史陳温、丹楊太守周昕與兵四千餘人。還到龍亢，士

卒多叛。至銍、建平，復收兵得千餘人，進屯河內。

劉岱與橋瑁相惡，岱殺瑁，以王肱領東郡太守。

袁紹與韓馥謀立幽州牧劉虞爲帝，太祖拒之。紹又嘗得一玉印，於太祖坐中舉向其肘，太祖由是笑而惡焉。

二年春，紹、馥遂立虞爲帝，虞終不敢當。

夏四月，卓還長安。

秋七月，袁紹脅韓馥，取冀州。

黑山賊于毒、白繞、眭固等十餘萬衆略魏郡、東郡，王肱不能禦，太祖引兵入東郡，擊白繞于濮陽，破之。袁紹因表太祖爲東郡太守，治東武陽。

三年春，太祖軍頓丘，毒等攻東武陽。太祖乃引兵西入山，攻毒等本屯。毒聞之，棄武陽還。太祖要擊眭固，又擊匈奴於夫羅於內黃，皆大破之。

夏四月，司徒王允與呂布共殺卓。卓將李傕、郭汜等殺允攻布，布敗，東出武關。傕等擅朝政。

青州黃巾衆百萬入兗州，殺任城相鄭遂，轉入東平。劉岱欲擊之，鮑信諫曰：『今賊衆百萬，百姓皆震恐，士卒無鬬志，不可敵也。觀賊衆群輩相隨，軍無輜重，唯以鈔略爲資，今不若畜士衆之力，先爲固守。彼欲戰不得，攻又不能，其勢必離散，後選精鋭，據其要害，擊之可破也。』岱不從，遂與戰，果爲所殺。信乃與州吏萬潛等至東郡迎太祖領兗州牧。遂進兵擊黃巾于壽張東。信力戰鬬死，僅而破之。購求信喪不得，衆乃刻木如信形狀，祭而哭焉。追黃巾至濟北。乞降。冬，受降卒三十餘萬，男女百餘萬口，收其精鋭者，號爲青州兵。

袁術與紹有隙，術求援於公孫瓚，瓚使劉備屯高唐，單經屯平原，陶謙屯發干，以逼紹。太祖與紹會擊，皆破之。

四年春，軍鄄城。荆州牧劉表斷術糧道，術引軍入陳留，屯封丘，黑山餘賊及於夫羅等佐之。術使將劉詳屯匡亭。太祖擊詳，術救之，與戰，大破之。術退保封丘，遂圍之，未合，術走襄邑，追到太壽，決渠水灌城。走寧陵，又追之，走九江。夏，太祖還軍定陶。

下邳闕宣聚衆數千人，自稱天子；徐州牧陶謙與共舉兵，取泰山華、費，略任城。秋，太祖征陶謙，下十餘城，謙守城不敢出。

是歲，孫策受袁術使渡江，數年閒遂有江東。

興平元年春，太祖自徐州還，初，太祖父嵩，去官後還譙，董卓之亂，避難瑯邪，爲陶謙所害，故太祖志在復讎東伐。夏，使荀彧、程昱守鄄城，復征陶謙，拔五城，遂略地至東海。還過郯，謙將曹豹與劉備屯郯東，要太祖。太祖擊破之，遂攻拔襄賁，所過多所殘戮。

會張邈與陳宮叛迎呂布，郡縣皆應。荀彧、程昱保鄄城，范、東阿二縣固守，太祖乃引軍還。布到，攻鄄城不能下，西屯濮陽。太祖曰：『布一旦得一州，不能據東平，斷亢父、泰山之道乘險要我，而乃屯濮陽，吾知其無能爲也。』遂進軍攻之。布出兵戰，先以騎犯青州兵。青州兵奔，太祖陳亂，

馳突火出，墜馬，燒左手掌。司馬樓異扶太祖上馬，遂引去。未至營止，諸將未與太祖相見，皆怖。太祖乃自力勞軍，令軍中促爲攻具，進復攻之，與布相守百餘日。蝗蟲起，百姓大餓，布糧食亦盡，各引去。

秋九月，太祖還鄄城。布到乘氏，爲其縣人李進所破，東屯山陽。於是紹使人説太祖，欲連和。太祖新失兗州，軍食盡，將許之。程昱止太祖，太祖從之。冬十月，太祖至東阿。

是歲穀一斛五十餘萬錢，人相食，乃罷吏兵新募者。陶謙死，劉備代之。

二年春，襲定陶。濟陰太守吳資保南城，未拔。會呂布至，又擊破之。夏，布將薛蘭、李封屯鉅野，太祖攻之，布救蘭，蘭敗，布走，遂斬蘭等。布復從東緡與陳宮將萬餘人來戰，時太祖兵少，設伏，縱奇兵擊，大破之。布夜走，太祖復攻，拔定陶，分兵平諸縣。布東奔劉備，張邈從布，使其弟超將家屬保雍丘。秋八月，圍雍丘。冬十月，天子拜太祖兗州牧。十二月，雍丘潰，超自殺。夷邈三族。邈詣袁術請救，爲其衆所殺，兗州平，遂東略陳地。

是歲，長安亂，天子東遷，敗于曹陽，渡河幸安邑。

建安元年春正月，太祖軍臨武平，袁術所置陳相袁嗣降。

太祖將迎天子，諸將或疑，荀彧、程昱勸之，乃遣曹洪將兵西迎，衛將軍董承與袁術將萇奴拒險，洪不得進。

汝南、潁川黄巾何儀、劉辟、黄邵、何曼等，衆各數萬，初應袁術，又附孫堅。二月，太祖進軍討破之，斬辟、邵等，儀及其衆皆降。天子拜太祖建德將軍，夏六月，遷鎮東將軍，封費亭侯。秋七月，楊奉、韓暹以天子還洛陽，奉別屯梁。太祖遂至洛陽，衛京都，暹遁走。天子假太祖節鉞，録尚書事。洛陽殘破，董昭等勸太祖都許。九月，車駕出轘轅而東，以太祖爲大將軍，封武平侯。自天子西遷，朝廷日亂，至是宗廟社稷制度始立。

天子之東也，奉自梁欲要之，不及。冬十月，公征奉，奉南奔袁術，遂攻其梁屯，拔之。於是以袁紹爲太尉，紹耻班在公下，不肯受。公乃固辭，以大將軍讓紹。天子拜公司空，行車騎將軍。是歲用棗祗、韓浩等議，始興屯田。

呂布襲劉備，取下邳。備來奔。程昱説公曰：『觀劉備有雄才而甚得衆心，終不爲人下，不如早圖之。』公曰：『方今收英雄時也，殺一人而失天下之心，不可。』

張濟自關中走南陽。濟死，從子繡領其衆。二年春正月，公到宛。張繡降，既而悔之，復反。公與戰，軍敗，爲流矢所中，長子昂、弟子安民遇害。公乃引兵還舞陰，繡將騎來鈔，公擊破之。繡奔穰，與劉表合。公謂諸將曰：『吾降張繡等，失不便取其質，以至於此。吾知所以敗。諸卿觀之，自今已後不復敗矣。』遂還許。

袁術欲稱帝於淮南，使人告呂布。布收其使，上其書。術怒，攻布，爲布所破。秋九月，術侵陳，公東征之。術聞公自來，棄軍走，留其將橋蕤、李豐、梁綱、樂就；公到，擊破蕤等，皆斬之。術走渡淮。公還許。

公之自舞陰還也，南陽、章陵諸縣復叛爲繡，公遣曹洪擊之，不利，還屯葉，數爲繡、表所侵。冬十一月，公自南征，至宛。表將鄧濟據湖陽。攻拔之，生擒濟，湖陽降。攻舞陰，下之。

三年春正月，公還許，初置軍師祭酒。三月，公圍張繡於穰。夏五月，劉表遣兵救繡，以絕軍後。公將引還，繡兵來追，公軍不得進，連營稍前。公與荀彧書曰：『賊來追吾，雖日行數里，吾策之，到安衆，破繡必矣。』到安衆，繡與表兵合守險，公軍前後受敵。公乃夜鑿險爲地道，悉過輜重，設奇兵。會明，賊謂公爲遁也，悉軍來追。乃縱奇兵步騎夾攻，大破之。秋七月，公還許。荀彧問公：『前以策賊必破，何也？』公曰：『虜遏吾歸師，而與吾死地戰，吾是以知勝矣。』

呂布復爲袁術使高順攻劉備，公遣夏侯惇救之，不利。備爲順所敗。九月，公東征布。冬十月，屠彭城，獲其相侯諧。進至下邳，布自將騎逆擊。大破之，獲其驍將成廉。追至城下，布恐，欲降。陳宮等沮其計，求救于術，勸布出戰，戰又敗，乃還固守，攻之不下。時公連戰，士卒罷，欲還，用荀攸、郭嘉計，遂決泗、沂水以灌城。月餘，布將宋憲、魏續等執陳宮，舉城降，生禽布、宮，皆殺之。太山臧霸、孫觀、吳敦、尹禮、昌豨各聚衆。布之破劉備也，霸等悉從布。布敗，獲霸等，公厚納待，遂割青、徐二州附於海以委焉，分琅邪、東海、北海爲城陽、利城、昌慮郡。

初，公爲兗州，以東平畢諶爲別駕。張邈之叛也，邈劫諶母弟妻子；公謝遣之，曰：『卿老母在彼，可去。』諶頓首無二心，公嘉之，爲之流涕。既出，遂亡歸。及布破，諶生得，衆爲諶懼，公曰：『夫人孝於其親者，豈不亦忠於君乎！吾所求也。』以爲魯相。

四年春二月，公還至昌邑。張楊將楊醜殺楊，眭固又殺醜，以其衆屬袁紹，屯射犬。夏四月，進軍臨河，使史渙、曹仁渡河擊之。固使楊故長史薛洪、河內太守繆尚留守，自將兵北迎紹求救，與渙、仁相遇犬城。交戰，大破之，斬固。公遂濟河，圍射犬。洪、尚率衆降，封爲列侯，還軍敖倉。以魏种爲河內太守，屬以河北事。

初，公舉种孝廉。兗州叛，公曰：『唯魏种且不棄孤也。』及聞种走，公怒曰：『种不南走越、北走胡，不置汝也！』既下射犬，生禽种，公曰：『唯其才也！』釋其縛而用之。

是時袁紹既并公孫瓚，兼四州之地，衆十餘萬，將進軍攻許，諸將以爲不可敵，公曰：『吾知紹之爲人，志大而智小，色厲而膽薄，忌克而少威，兵多而分畫不明，將驕而政令不一，土地雖廣，糧食雖豐，適足以爲吾奉也。』秋八月，公進軍黎陽，使臧霸等入青州破齊、北海、東安，留于禁屯河上。九月，公還許，分兵守官渡。冬十一月，張繡率衆降，封列侯。十二月，公軍官渡。

袁術自敗於陳，稍困，袁譚自青州遣迎之。術欲從下邳北過，公遣劉備、朱靈要之。會術病死。程昱、郭嘉聞公遣備，言於公曰：『劉備不可縱。』公悔，追之不及。備之未東也，陰與董承等謀反，至下邳，遂殺徐州刺史車冑，舉兵屯沛。遣劉岱、王忠擊之，不克。

廬江太守劉勳率衆降，封爲列侯。

五年春正月，董承等謀泄，皆伏誅。公將自東征備，諸將皆曰：『與公爭天下者，袁紹也。今紹方來而棄之東，紹乘人後，若何？』公曰：『夫劉備，人傑也，今不擊，必爲後患。袁紹雖有大志，而

見事遲，必不動也。』郭嘉亦勸公，遂東擊備，破之，生禽其將夏侯博。備走奔紹，獲其妻子。備將關羽屯下邳，復進攻之，羽降。昌豨叛爲備，又攻破之。公還官渡，紹卒不出。

二月，紹遣郭圖、淳于瓊、顔良攻東郡太守劉延于白馬，紹引兵至黎陽，將渡河。夏四月，公北救延。荀攸説公曰：『今兵少不敵，分其勢乃可。公到延津，若將渡兵向其後者，紹必西應之，然後輕兵襲白馬，掩其不備，顔良可禽也。』公從之。紹聞兵渡，即分兵西應之。公乃引軍兼行趣白馬，未至十餘里，良大驚，來逆戰。使張遼、關羽前登，擊破，斬良。遂解白馬圍，徙其民，循河而西。紹於是渡河追公軍，至延津南。公勒兵駐營南阪下，使登壘望之，曰：『可五六百騎。』有頃，復白：『騎稍多，步兵不可勝數。』公曰：『勿復白。』乃令騎解鞍放馬。是時，白馬輜重就道。諸將以爲敵騎多，不如還保營。荀攸曰：『此所以餌敵，如何去之！』紹騎將文醜與劉備將五六千騎前後至。諸將復白：『可上馬。』公曰：『未也。』有頃，騎至稍多，或分趣輜重。公曰：『可矣。』乃皆上馬。時騎不滿六百，遂縱兵擊，大破之，斬醜。良、醜皆紹名將也，再戰，悉禽，紹軍大震。公還軍官渡。紹進保陽武。關羽亡歸劉備。

八月，紹連營稍前，依沙塠爲屯，東西數十里。公亦分營與相當，合戰不利。時公兵不滿萬，傷者十二三。紹復進臨官渡，起土山地道。公亦於內作之，以相應。紹射營中，矢如雨下，行者皆蒙楯，衆大懼。時公糧少，與荀彧書，議欲還許。彧以爲『紹悉衆聚官渡，欲與公決勝敗。公以至弱當至强，若不能制，必爲所乘，是天下之大機也。且紹，布衣之雄耳，能聚人而不能用。夫以公之神武明哲而輔以大順，何向而不濟！』公從之。

孫策聞公與紹相持，乃謀襲許，未發，爲刺客所殺。

汝南降賊劉辟等叛應紹，略許下。紹使劉備助辟，公使曹仁擊破之。備走，遂破辟屯。

袁紹運穀車數千乘至，公用荀攸計，遣徐晃、史渙邀擊，大破之，盡燒其車。公與紹相拒連月，雖比戰斬將，然衆少糧盡，士卒疲乏。公謂運者曰：『却十五日爲汝破紹，不復勞汝矣。』冬十月，紹遣車運穀，使淳于瓊等五人將兵萬餘人送之，宿紹營北四十里。紹謀臣許攸貪財，紹不能足，來奔，因説公擊瓊等。左右疑之，荀攸、賈詡勸公。公乃留曹洪守，自將步騎五千人夜往，會明至。瓊等望見公兵少，出陳門外。公急擊之，瓊退保營，遂攻之。紹遣騎救瓊。左右或言『賊騎稍近，請分兵拒之』。公怒曰：『賊在背後，乃白！』士卒皆殊死戰，大破瓊等，皆斬之。紹初聞公之擊瓊，謂長子譚曰：『就彼攻瓊等，吾攻拔其營，彼固無所歸矣！』乃使張郃、高覽攻曹洪。郃等聞瓊破，遂來降。紹衆大潰，紹及譚棄軍走，渡河。追之不及，盡收其輜重圖書珍寶，虜其衆。公收紹書中，得許下及軍中人書，皆焚之。冀州諸郡多舉城邑降者。

初，桓帝時有黄星見于楚、宋之分，遼東殷馗善天文，言後五十歲當有真人起于梁、沛之間，其鋒不可當。至是凡五十年，而公破紹，天下莫敵矣。

六年夏四月，揚兵河上，擊紹倉亭軍，破之。紹歸，復收散卒，攻定諸叛郡縣。九月，公還許。紹之未破也，使劉備略汝南，汝南賊共都等應之。遣蔡揚擊都，不利，爲都所破。公南征備。備聞公自

遣譚書，責以負約，與之絶婚，女還，然後進軍。譚懼，拔平原，走保南皮。冬十二月，公入平原，略定諸縣。

十年春正月，攻譚，破之，斬譚，誅其妻子，冀州平。下令曰：『其與袁氏同惡者，與之更始。』令民不得復私讎，禁厚葬，皆一之于法。是月，袁熙大將焦觸、張南等叛攻熙、尚，熙、尚奔三郡烏丸。觸等舉其縣降，封爲列侯。初討譚時，民亡椎冰，令不得降。頃之，亡民有詣門首者，公謂曰：『聽汝則違令，殺汝則誅首，歸深自藏，無爲吏所獲。』民垂泣而去；後竟捕得。

夏四月，黑山賊張燕率其衆十餘萬降，封爲列侯。故安趙犢、霍奴等殺幽州刺史、涿郡太守。三郡烏丸攻鮮于輔於獷平。秋八月，公征之，斬犢等，乃渡潞河救獷平，烏丸奔走出塞。

九月，令曰：『阿黨比周，先聖所疾也。聞冀州俗，父子異部，更相毀譽。昔直不疑無兄，世人謂之盜嫂；第五伯魚三娶孤女，謂之撾婦翁；王鳳擅權，谷永比之申伯；王商忠議，張匡謂之左道：此皆以白爲黑，欺天罔君者也。吾欲整齊風俗，四者不除，吾以爲羞。』冬十月，公還鄴。

初，袁紹以甥高幹領并州牧，公之拔鄴，幹降，遂以爲刺史。幹聞公討烏丸，乃以州叛，執上黨太守，舉兵守壺關口。遣樂進、李典擊之，幹還守壺關城。十一年春正月，公征幹。幹聞之，乃留其別將守城，走入匈奴，求救於單于，單于不受。公圍壺關三月，拔之。幹遂走荊州，上洛都尉王琰捕斬之。

秋八月，公東征海賊管承，至淳于，遣樂進、李典擊破之，承走入海島。割東海之襄賁、郯、戚以

益琅邪，省昌慮郡。

三郡烏丸承天下亂，破幽州，略有漢民合十餘萬户。袁紹皆立其酋豪爲單于，以家人子爲己女，妻焉。遼西單于蹋頓尤强，爲紹所厚，故尚兄弟歸之，數入塞爲害。公將征之，鑿渠，自呼沲入泒水，名平虜渠；又從泃河口鑿入潞河，名泉州渠，以通海。

十二年春二月，公自淳于還鄴。丁酉，令曰：『吾起義兵誅暴亂，於今十九年，所征必克，豈吾功哉？乃賢士大夫之力也。天下雖未悉定，吾當要與賢士大夫共定之；而專饗其勞，吾何以安焉！其促定功行封。』於是大封功臣二十餘人，皆爲列侯，其餘各以次受封，及復死事之孤，輕重各有差。

將北征三郡烏丸，諸將皆曰：『袁尚，亡虜耳，夷狄貪而無親，豈能爲尚用？今深入征之，劉備必説劉表以襲許。萬一爲變，事不可悔。』惟郭嘉策表必不能任備，勸公行。夏五月，至無終。秋七月，大水，傍海道不通，田疇請爲鄉導，公從之。引軍出盧龍塞，塞外道絶不通，乃塹山堙谷五百餘里，經白檀，歷平岡，涉鮮卑庭，東指柳城。未至二百里，虜乃知之。尚、熙與蹋頓、遼西單于樓班、右北平單于能臣抵之等將數萬騎逆軍。八月，登白狼山，卒與虜遇，衆甚盛。公車重在後，被甲者少，左右皆懼。公登高，望虜陳不整，乃縱兵擊之，使張遼爲先鋒，虜衆大崩，斬蹋頓及名王已下，胡、漢降者二十餘萬口。遼東單于速僕丸及遼西、北平諸豪，棄其種人，與尚、熙奔遼東，衆尚有數千騎。初，遼東太守公孫康恃遠不服。及公破烏丸，或説公遂征之，尚兄弟可禽也。公曰：『吾方使康斬送

尚、熙首，不煩兵矣。』九月，公引兵自柳城還，康即斬尚、熙及速僕丸等，傳其首。諸將或問：『公還而康斬送尚、熙，何也？』公曰：『彼素畏尚等，吾急之則并力，緩之則自相圖，其勢然也。』十一月至易水，代郡烏丸行單于普富盧、上郡烏丸行單于那樓將其名王來賀。

十三年春正月，公還鄴，作玄武池以肄舟師。漢罷三公官，置丞相、御史大夫。夏六月，以公爲丞相。

秋七月，公南征劉表。八月，表卒，其子琮代，屯襄陽，劉備屯樊。九月，公到新野，琮遂降，備走夏口。公進軍江陵，下令荆州吏民，與之更始。乃論荆州服從之功，侯者十五人，以劉表大將文聘爲江夏太守，使統本兵，引用荆州名士韓嵩、鄧義等。益州牧劉璋始受徵役，遣兵給軍。十二月，孫權爲備攻合肥。公自江陵征備，至巴丘，遣張憙救合肥。權聞憙至，乃走。公至赤壁，與備戰，不利。於是大疫，吏士多死者，乃引軍還。備遂有荆州、江南諸郡。

十四年春三月，軍至譙，作輕舟，治水軍。秋七月，自渦入淮，出肥水，軍合肥。辛未，令曰：『自頃已來，軍數征行，或遇疫氣，吏士死亡不歸，家室怨曠，百姓流離，而仁者豈樂之哉？不得已也。其令死者家無基業不能自存者，縣官勿絶廩，長吏存恤撫循，以稱吾意。』置揚州郡縣長吏，開芍陂屯田。十二月，軍還譙。

十五年春，下令曰：『自古受命及中興之君，曷嘗不得賢人君子與之共治天下者乎！及其得賢也，曾不出閭巷，豈幸相遇哉？上之人不求之耳。今天下尚未定，此特求賢之急時也。「孟公綽爲趙、魏老則優，不可以爲滕、薛大夫」。若必廉士而後可用，則齊桓其何以霸世！今天下得無有被褐懷玉而釣于渭濱者乎？又得無盜嫂受金而未遇無知者乎？二三子其佐我明揚仄陋，唯才是舉，吾得而用之。』冬，作銅雀臺。

十六年春正月，天子命公世子丕爲五官中郎將，置官屬，爲丞相副。太原商曜等以大陵叛，遣夏侯淵、徐晃圍破之。張魯據漢中，三月，遣鍾繇討之。公使淵等出河東與繇會。

是時關中諸將疑繇欲自襲，馬超遂與韓遂、楊秋、李堪、成宜等叛。遣曹仁討之。超等屯潼關，公敕諸將：『關西兵精悍，堅壁勿與戰。』秋七月，公西征，與超等夾關而軍。公急持之，而潛遣徐晃、朱靈等夜渡蒲阪津，據河西爲營。公自潼關北渡，未濟，超赴船急戰。校尉丁斐因放牛馬以餌賊，賊亂取牛馬，公乃得渡，循河爲甬道而南。賊退，拒渭口。公乃多設疑兵，潛以舟載兵入渭，爲浮橋，夜，分兵結營于渭南。賊夜攻營，伏兵擊破之。超等屯渭南，遣信求割河以西請和，公不許。九月，進軍渡渭。超等數挑戰，又不許；固請割地，求送任子，公用賈詡計，僞許之。韓遂請與公相見，公與遂父同歲孝廉，又與遂同時儕輩，於是交馬語移時，不及軍事，但説京都舊故，拊手歡笑。既罷，超等問遂：『公何言？』遂曰：『無所言也。』超等疑之。他日，公又與遂書，多所點竄，如遂改定者；超等愈疑遂。公乃與克日會戰，先以輕兵挑之，戰良久，乃縱虎騎夾擊，大破之，斬成宜、李堪等。遂、超等走凉州，楊秋奔安定，關中平。諸將或問公曰：『初，賊守潼關，渭北道缺，不從河東擊馮翊而反守潼關，引日而後北渡，何也？』公曰：『賊守潼關，若吾入河東，

賊必引守諸津，則西河未可渡，吾故盛兵向潼關；賊悉衆南守，西河之備虛，故二將得擅取西河；然後引軍北渡，賊不能與吾爭西河者，以有二將之軍也。連車樹柵，爲甬道而南，既爲不可勝，且以示弱。渡渭爲堅壘，虜至不出，所以驕之也；故賊不爲營壘而求割地。吾順言許之，所以從其意，使自安而不爲備，因畜士卒之力，一旦擊之，所謂疾雷不及掩耳，兵之變化，固非一道也。』始，賊每一部到，公輒有喜色。賊破之後，諸將問其故。公答曰：『關中長遠，若賊各依險阻，征之，不一二年不可定也。今皆來集，其衆雖多，莫相歸服，軍無適主，一舉可滅，爲功差易，吾是以喜。』

冬十月，軍自長安北征楊秋，圍安定。秋降，復其爵位，使留撫其民人。十二月，自安定還，留夏侯淵屯長安。

十七年春正月，公還鄴。天子命公贊拜不名，入朝不趨，劍履上殿，如蕭何故事。馬超餘衆梁興等屯藍田，使夏侯淵擊平之。割河内之蕩陰、朝歌、林慮，東郡之衛國、頓丘、東武陽、發干，鉅鹿之癭陶、曲周、南和，廣平之任城，趙之襄國、邯鄲、易陽，以益魏郡。

冬十月，公征孫權。

十八年春正月，進軍濡須口，攻破權江西營，獲權都督公孫陽，乃引軍還。詔書并十四州，復爲九州。夏四月，至鄴。

五月丙申，天子使御史大夫郗慮持節策命公爲魏公曰：

朕以不德，少遭愍凶，越在西土，迁於唐、卫。当此之时，若缀旒然，宗庙乏祀，社稷无位；群凶觊觎，分裂诸夏，率土之民，朕无获焉，即我高祖之命将坠於地。朕用夙兴假寐，震悼於厥心，曰『惟祖惟父，股肱先正，其孰能恤朕躬』？乃诱天衷，诞育丞相，保乂我皇家，弘济於艰难，朕实赖之。今将授君典礼，其敬听朕命。

昔者董卓初興國難，群后釋位以謀王室，君則攝進，首啓戎行，此君之忠於本朝也。後及黄巾反易天常，侵我三州，延及平民，君又翦之以寧東夏，此又君之功也。韓暹、楊奉專用威命，君則致討，克黜其難，遂遷許都，造我京畿，設官兆祀，不失舊物，天地鬼神於是獲乂，此又君之功也。袁術僭逆，肆於淮南，懾憚君靈，用丕顯謀，蘄陽之役，橋蕤授首，稜威南邁，術以隕潰，此又君之功也。迴戈東征，呂布就戮，乘轅將返，張楊殂斃，眭固伏罪，張繡稽服，此又君之功也。袁紹逆亂天常，謀危社稷，憑恃其衆，稱兵内侮，當此之時，王師寡弱，天下寒心，莫有固志，君執大節，精貫白日，奮其武怒，運其神策，致届官渡，大殲醜類，俾我國家拯于危墜，此又君之功也。濟師洪河，拓定四州，袁譚、高幹，咸梟其首，海盗奔迸，黑山順軌，此又君之功也。烏丸三種，崇亂二世，袁尚因之，逼據塞北，束馬縣車，一征而滅，此又君之功也。劉表背誕，不供貢職，王師首路，威風先逝，百城八郡，交臂屈膝，此又君之功也。馬超、成宜，同惡相濟，濱據河、潼，求逞所欲，殄之渭南，獻馘萬計，遂定邊境，撫和戎狄，此又君之功也。鮮卑、丁零，重譯而至，單于、白屋，請吏率職，此又君之功也。君有定天下之功，重之以明德，班叙海内，宣美風俗，旁施勤教，恤慎刑獄，吏無苛政，民無懷慝；敦崇帝族，表繼絶世，舊德前功，罔不咸秩；雖伊尹格于皇天，周公光于四海，方之蔑如也。

朕聞先王並建明德，胙之以土，分之以民，崇其寵章，備其禮物，所以藩衛王室，左右厥世也。其在周成，管、蔡不静，懲難念功，乃使邵康公賜齊太公履，東至於海，西至於河，南至於穆陵，北至於無棣，五侯九伯，實得征之，世祚太師，以表東海。爰及襄王，亦有楚人不供王職，又命晉文登爲侯伯，錫以二輅、虎賁、鈇鉞、秬鬯、弓矢，大啓南陽，世作盟主。故周室之不壞，繄二國是賴。今君稱丕顯德，明保朕躬，奉答天命，導揚弘烈，綏爰九域，莫不率俾，功高於伊、周，而賞卑於齊、晉，朕甚恧焉。朕以眇眇之身，托於兆民之上，永思厥艱，若涉淵冰，非君攸濟，朕無任焉。今以冀州之河東、河内、魏郡、趙國、中山、常山、鉅鹿、安平、甘陵、平原凡十郡，封君爲魏公。錫君玄土，苴以白茅，爰契爾龜，用建冢社。昔在周室，畢公、毛公入爲卿佐，周、邵師保出爲二伯，外内之任，君實宜之，其以丞相領冀州牧如故。又加君九錫，其敬聽朕命。以君經緯禮律，爲民軌儀，使安職業，無或遷志，是用錫君大輅、戎輅各一，玄牡二駟。君勸分務本，穡人昏作，粟帛滯積，大業惟興，是用錫君衮冕之服，赤舄副焉。君敦尚謙讓，俾民興行，少長有禮，上下咸和，是用錫君軒縣之樂，六佾之舞。君翼宣風化，爰發四方，遠人革面，華夏充實，是用錫君朱户以居。君研其明哲，思帝所難，官才任賢，群善必舉，是用錫君納陛以登。君秉國之鈞，正色處中，纖毫之惡，靡不抑退，是用錫君虎賁之士三百人。君糾虔天刑，章厥有罪，犯關干紀，莫不誅殛，是用錫君鈇鉞各一。君龍驤虎視，旁眺八維，掩討逆節，折衝四海，是用錫君彤弓一，彤矢百，玈弓十，玈矢千。君以温恭爲基，孝友爲德，明允篤誠，感于朕思，是用錫君秬鬯一卣，珪瓚副焉。魏國置丞相已下群卿百寮，皆如漢初諸侯王之制。往欽哉，敬服朕命！簡恤爾衆，時亮庶功，用終爾顯德，對揚我高祖之休命！

秋七月，始建魏社稷宗廟。天子聘公三女爲貴人，少者待年于國。九月，作金虎臺，鑿渠引漳水入白溝以通河。冬十月，分魏郡爲東西部，置都尉。十一月，初置尚書、侍中、六卿。

馬超在漢陽，復因羌、胡爲害，氐王千萬叛應超，屯興國。使夏侯淵討之。

十九年春正月，始耕籍田。南安趙衢、漢陽尹奉等討超，梟其妻子，超奔漢中。韓遂徙金城，入氐王千萬部，率羌、胡萬餘騎與夏侯淵戰，擊，大破之，遂走西平。淵與諸將攻興國，屠之。省安東、永陽郡。

安定太守毋丘興將之官，公戒之曰：『羌、胡欲與中國通，自當遣人來，慎勿遣人往。善人難得，必將教羌、胡妄有所請求，因欲以自利；不從便爲失異俗意，從之則無益事。』興至，遣校尉范陵至羌中，陵果教羌，使自請爲屬國都尉。公曰：『吾預知當爾，非聖也，但更事多耳。』

三月，天子使魏公位在諸侯王上，改授金璽、赤紱、遠游冠。

秋七月，公征孫權。

初，隴西宋建自稱河首平漢王，聚衆枹罕，改元，置百官，三十餘年。遣夏侯淵自興國討之。冬十月，屠枹罕，斬建，凉州平。

公自合肥還。

十一月，漢皇后伏氏坐昔與父故屯騎校尉完書，云帝以董承被誅怨恨公，辭甚醜惡，發聞，后

帝，尊王太后曰皇太后。賜男子爵人一級，爲父後及孝悌力田人二級。以漢諸侯王爲崇德侯，列侯爲關中侯。以潁陰之繁陽亭爲繁昌縣。封爵增位各有差。改相國爲司徒，御史大夫爲司空，奉常爲太常，郎中令爲光禄勳，大理爲廷尉，大農爲大司農。郡國縣邑，多所改易。更授匈奴南單于呼厨泉魏璽綬，賜青蓋車、乘輿、寶劍、玉玦。十二月，初營洛陽宫，戊午幸洛陽。

是歲，長水校尉戴陵諫不宜數行弋獵，帝大怒；陵減死罪一等。

二年春正月，郊祀天地、明堂。甲戌，校獵至原陵，遣使者以太牢祠漢世祖。乙亥，朝日于東郊。初令郡國口滿十萬者，歲察孝廉一人；其有秀異，無拘户口。辛巳，分三公户邑，封子弟各一人爲列侯。壬午，復潁川郡一年田租。改許縣爲許昌縣。以魏郡東部爲陽平郡，西部爲廣平郡。

詔曰：『昔仲尼資大聖之才，懷帝王之器，當衰周之末，無受命之運，在魯、衛之朝，教化乎洙、泗之上，悽悽焉，遑遑焉，欲屈己以存道，貶身以救世。于時王公終莫能用之，乃退考五代之禮，脩素王之事，因魯史而制《春秋》，就太師而正《雅》、《頌》，俾千載之後，莫不宗其文以述作，仰其聖以成謀，咨！可謂命世之大聖，億載之師表者也。遭天下大亂，百祀墮壞，舊居之廟，毁而不脩，褒成之後，絶而莫繼，闕里不聞講頌之聲，四時不睹烝嘗之位，斯豈所謂崇禮報功，盛德百世必祀者哉！其以議郎孔羨爲宗聖侯，邑百户，奉孔子祀。』令魯郡脩起舊廟，置百户吏卒以守衛之，又於其外廣爲室屋以居學者。

三月，加遼東太守公孫恭爲車騎將軍。初復五銖錢。夏四月，以車騎將軍曹仁爲大將軍。五月，鄭甘復叛，遣曹仁討斬之。六月庚子，初祀五嶽四瀆，咸秩群祀。丁卯，夫人甄氏卒。戊辰晦，日有食之，有司奏免太尉，詔曰：『災異之作，以譴元首，而歸過股肱，豈禹、湯罪己之義乎？其令百官各虔厥職，後有天地之眚，勿復劾三公。』

秋八月，孫權遣使奉章，并遣于禁等還。丁巳，使太常邢貞持節拜權爲大將軍，封吴王，加九錫。冬十月，授楊彪光禄大夫。以穀貴，罷五銖錢。十一月己卯，以大將軍曹仁爲大司馬。十二月，行東巡。是歲築陵雲臺。

三年春正月丙寅朔，日有蝕之。庚午，行幸許昌宫。詔曰：『今之計、孝，古之貢士也；十室之邑，必有忠信，若限年然後取士，是吕尚、周晋不顯於前世也。其令郡國所選，勿拘老幼，儒通經術，吏達文法，到皆試用。有司糾故不以實者。』

二月，鄯善、龜兹、于闐王各遣使奉獻，詔曰：『西戎即叙，氐、羌來王，《詩》、《書》美之。頃者西域外夷並款塞内附，其遣使者撫勞之。』是後西域遂通，置戊己校尉。

三月乙丑，立齊公叡爲平原王，帝弟鄢陵公彰等十一人皆爲王。初制封王之庶子爲鄉公，嗣王之庶子爲亭侯，公之庶子爲亭伯。甲戌，立皇子霖爲河東王。甲午，行幸襄邑。夏四月戊申，立鄄城侯植爲鄄城王。癸亥，行還許昌宫。五月，以荆、揚、江表八郡爲荆州，孫權領牧故也；荆州江北諸郡爲郢州。

閏月，孫權破劉備于夷陵。初，帝聞備兵東下，與權交戰，樹柵連營七百餘里，謂群臣曰：『備

不曉兵，豈有七百里營可以拒敵者乎！「苞原隰險阻而爲軍者爲敵所禽」，此兵忌也。孫權上事今至矣。』後七日，破備書到。

秋七月，冀州大蝗，民饑，使尚書杜畿持節開倉廩以振之。八月，蜀大將黃權率衆降。

九月甲午，詔曰：『夫婦人與政，亂之本也。自今以後，群臣不得奏事太后，后族之家不得當輔政之任，又不得橫受茅土之爵；以此詔傳後世，若有背違，天下共誅之。』庚子，立皇后郭氏。賜天下男子爵人二級；鰥寡篤癃及貧不能自存者賜穀。

冬十月甲子，表首陽山東爲壽陵，作終制曰：『禮，國君即位爲椑，存不忘亡也。昔堯葬穀林，通樹之，禹葬會稽，農不易畝，故葬於山林，則合乎山林。封樹之制，非上古也，吾無取焉。壽陵因山爲體，無爲封樹，無立寢殿，造園邑，通神道。夫葬也者，藏也，欲人之不得見也。骨無痛痒之知，冢非棲神之宅，禮不墓祭，欲存亡之不黷也，爲棺椁足以朽骨，衣衾足以朽肉而已。故吾營此丘墟不食之地，欲使易代之後不知其處。無施葦炭，無藏金銀銅鐵，一以瓦器，合古塗車、芻靈之義。棺但漆際會三過，飯含無以珠玉，無施珠襦玉匣，諸愚俗所爲也。季孫以璵璠斂，孔子歷級而救之，譬之暴骸中原。宋公厚葬，君子謂華元、樂莒不臣，以爲棄君於惡。漢文帝之不發，霸陵無求也；光武之掘，原陵封樹也。霸陵之完，功在釋之；原陵之掘，罪在明帝。是釋之忠以利君，明帝愛以害親也。忠臣孝子，宜思仲尼、丘明、釋之之言，鑒華元、樂莒、明帝之戒，存於所以安君定親，使魂靈萬載無危，斯則賢聖之忠孝矣。自古及今，未有不亡之國，亦無不掘之墓也。喪亂以來，漢氏諸陵無不發掘，至乃燒取玉匣金縷，骸骨并盡，是焚如之刑，豈不重痛哉！禍由乎厚葬封樹。「桑、霍爲我戒」，不亦明乎？其皇后及貴人以下，不隨王之國者，有終没皆葬澗西，前又以表其處矣。蓋舜葬蒼梧，二妃不從，延陵葬子，遠在嬴、博，魂而有靈，無不之也，一澗之間，不足爲遠。若違今詔，妄有所變改造施，吾爲戮尸地下，戮而重戮，死而重死。臣子爲蔑死君父，不忠不孝，使死者有知，將不福汝。其以此詔藏之宗廟，副在尚書、秘書、三府。』

是月，孫權復叛。復郢州爲荊州。帝自許昌南征，諸軍兵並進，權臨江拒守。十一月辛丑，行幸宛。庚申晦，日有食之。是歲，穿靈芝池。

四年春正月，詔曰：『喪亂以來，兵革未戢，天下之人，互相殘殺。今海内初定，敢有私復讎者皆族之。』築南巡臺于宛。三月丙申，行自宛還洛陽宮。癸卯，月犯心中央大星。丁未，大司馬曹仁薨。是月大疫。

夏五月，有鵜鶘鳥集靈芝池，詔曰：『此詩人所謂污澤也。《曹詩》「刺恭公遠君子而近小人」，今豈有賢智之士處於下位乎？否則斯鳥何爲而至？其博舉天下俊德茂才、獨行君子，以答曹人之刺。』

六月甲戌，任城王彰薨於京都。甲申，太尉賈詡薨。太白晝見。是月大雨，伊、洛溢流，殺人民，壞廬宅。秋八月丁卯，以廷尉鍾繇爲太尉。辛未，校獵于滎陽，遂東巡。論征孫權功，諸將已下進爵增户各有差。九月甲辰，行幸許昌宮。

五年春正月，初令謀反大逆乃得相告，其餘皆勿聽治；敢妄相告，以其罪罪之。三月，行自許昌還洛陽宮。夏四月，立太學，制五經課試之法，置《春秋穀梁》博士。五月，有司以公卿朝朔望日，因奏疑事，聽斷大政，論辨得失。秋七月，行東巡，幸許昌宮。八月，爲水軍，親御龍舟，循蔡、潁，浮淮，幸壽春。揚州界將吏士民，犯五歲刑已下，皆原除之。九月，遂至廣陵，赦青、徐二州，改易諸將守。冬十月乙卯，太白晝見。行還許昌宮。十一月庚寅，以冀州饑，遣使者開倉廩振之。戊申晦，日有食之。

十二月，詔曰：『先王制禮，所以昭孝事祖，大則郊社，其次宗廟，三辰五行，名山大川，非此族也，不在祀典。叔世衰亂，崇信巫史，至乃宮殿之內，户牖之間，無不沃酹，甚矣其惑也。自今，其敢設非祀之祭，巫祝之言，皆以執左道論，著于令典。』是歲穿天淵池。

六年春二月，遣使者循行許昌以東盡沛郡，問民所疾苦，貧者振貸之。三月，行幸召陵，通討虜渠。乙巳，還許昌宮。并州刺史梁習討鮮卑軻比能，大破之。閏月辛未，帝爲舟師東征。五月戊申，幸譙。壬戌，熒惑入太微。

六月，利成郡兵蔡方等以郡反，殺太守徐質。遣屯騎校尉任福、步兵校尉段昭與青州刺史討平之；其見脅略及亡命者，皆赦其罪。

秋七月，立皇子鑒爲東武陽王。八月，帝遂以舟師自譙循渦入淮，從陸道幸徐。九月，築東巡臺。冬十月，行幸廣陵故城，臨江觀兵，戎卒十餘萬，旌旗數百里。是歲大寒，水道冰，舟不得入江，乃引還。十一月，東武陽王鑒薨。十二月，行自譙過梁，遣使以太牢祀故漢太尉橋玄。

七年春正月，將幸許昌，許昌城南門無故自崩，帝心惡之，遂不入。壬子，行還洛陽宮。三月，築九華臺。夏五月丙辰，帝疾篤，召中軍大將軍曹真、鎮軍大將軍陳群、征東大將軍曹休、撫軍大將軍司馬宣王，並受遺詔輔嗣主。遣後宮淑媛、昭儀已下歸其家。丁巳，帝崩于嘉福殿，時年四十。六月戊寅，葬首陽陵。自殯及葬，皆以終制從事。

初，帝好文學，以著述爲務，自所勒成垂百篇。又使諸儒撰集經傳，隨類相從，凡千餘篇，號曰《皇覽》。

評曰：文帝天資文藻，下筆成章，博聞强識，才藝兼該；若加之曠大之度，勵以公平之誠，邁志存道，克廣德心，則古之賢主，何遠之有哉！

三國志卷三

魏書三

明帝紀第三

明皇帝諱叡，字元仲，文帝太子也。生而太祖愛之，常令在左右。年十五，封武德侯，黄初二年爲齊公，三年爲平原王。以其母誅，故未建爲嗣。七年夏五月，帝病篤，乃立爲皇太子。丁巳，即皇帝位，大赦。尊皇太后曰太皇太后，皇后曰皇太后。諸臣封爵各有差。六月癸未，追謚母甄夫人曰文昭皇后。壬辰，立皇弟蕤爲陽平王。

八月，孫權攻江夏郡，太守文聘堅守。朝議欲發兵救之，帝曰：『權習水戰，所以敢下船陸攻者，幾掩不備也。今已與聘相持，夫攻守勢倍，終不敢久也。』先時遣治書侍御史荀禹慰勞邊方，禹到，於江夏發所經縣兵及所從步騎千人乘山舉火，權退走。

辛巳，立皇子冏爲清河王。吴將諸葛瑾、張霸等寇襄陽，撫軍大將軍司馬宣王討破之，斬霸，征東大將軍曹休又破其別將於尋陽。論功行賞各有差。冬十月，清河王冏薨。十二月，以太尉鍾繇爲太傅，征東大將軍曹休爲大司馬，中軍大將軍曹真爲大將軍，司徒華歆爲太尉，司空王朗爲司徒，鎮軍大將軍陳群爲司空，撫軍大將軍司馬宣王爲驃騎將軍。

太和元年春正月，郊祀武皇帝以配天，宗祀文皇帝於明堂以配上帝。分江夏南部，置江夏南部都尉。西平麴英反，殺臨羌令、西都長，遣將軍郝昭、鹿磐討斬之。二月辛未，帝耕於籍田。辛巳，立

文昭皇后寢廟於鄴。丁亥，朝日于東郊。夏四月乙亥，行五銖錢。甲申，初營宗廟。秋八月，夕月于西郊。冬十月丙寅，治兵于東郊。焉耆王遣子入侍。十一月，立皇后毛氏。賜天下男子爵人二級，鰥寡孤獨不能自存者賜穀。十二月，封后父毛嘉爲列侯。新城太守孟達反，詔驃騎將軍司馬宣王討之。

二年春正月，宣王攻破新城，斬達，傳其首。分新城之上庸、武陵、巫縣爲上庸郡，錫縣爲錫郡。

蜀大將諸葛亮寇邊，天水、南安、安定三郡吏民叛應亮。遣大將軍曹真都督關右，並進兵。右將軍張郃擊亮於街亭，大破之。亮敗走，三郡平。丁未，行幸長安。夏四月丁酉，還洛陽宮。赦繫囚非殊死以下。乙巳，論討亮功，封爵增邑各有差。五月，大旱。六月，詔曰：『尊儒貴學，王教之本也。自頃儒官或非其人，將何以宣明聖道？其高選博士，才任侍中、常侍者。申敕郡國，貢士以經學爲先。』秋七月，曹休率諸軍至皖，與吴將陸議戰於石亭，敗績。乙酉，立皇子穆爲繁陽王。庚子，大司馬曹休薨。冬十月，詔公卿近臣舉良將各一人。十一月，司徒王朗薨。十二月，諸葛亮圍陳倉，曹真遣將軍費曜等拒之。遼東太守公孫恭兄子淵，劫奪恭位，遂以淵領遼東太守。

三年夏四月，元城王禮薨。六月癸卯，繁陽王穆薨。戊申，追尊高祖大長秋曰高皇帝，夫人吴氏曰高皇后。

秋七月，詔曰：『禮，王后無嗣，擇建支子以繼大宗，則當纂正統而奉公義，何得復顧私親哉！漢宣繼昭帝後，加悼考以皇號；哀帝以外藩援立，而董宏等稱引亡秦，惑誤時朝，既尊恭皇，立廟

京都，又寵藩妾，使比長信，叙昭穆於前殿，並四位於東宮，僭差無度，人神弗祐，而非罪師丹忠正之諫，用致丁、傅焚如之禍。自是之後，相踵行之。昔魯文逆祀，罪由夏父；宋國非度，譏在華元。其令公卿有司，深以前世行事爲戒。後嗣萬一有由諸侯入奉大統，則當明爲人後之義；敢爲佞邪導諛時君，妄建非正之號以干正統，謂考爲皇，稱妣爲后，則股肱大臣，誅之無赦。其書之金策，藏之宗廟，著於令典。』

冬十月，改平望觀曰聽訟觀。帝常言『獄者，天下之性命也』，每斷大獄，常幸觀臨聽之。

初，洛陽宗廟未成，神主在鄴廟。十一月，廟始成，使太常韓暨持節迎高皇帝、太皇帝、武帝、文帝神主于鄴，十二月己丑至，奉安神主于廟。

癸卯，大月氏王波調遣使奉獻，以調爲親魏大月氏王。

四年春二月壬午，詔曰：『世之質文，隨教而變。兵亂以來，經學廢絶，後生進趣，不由典謨。豈訓導未洽，將進用者不以德顯乎？其郎吏學通一經，才任牧民，博士課試，擢其高第者，亟用；其浮華不務道本者，皆罷退之。』戊子，詔太傅三公：以文帝《典論》刻石，立于廟門之外。癸巳，以大將軍曹真爲大司馬，驃騎將軍司馬宣王爲大將軍，遼東太守公孫淵爲車騎將軍。夏四月，太傅鍾繇薨。六月戊子，太皇太后崩。丙申，省上庸郡。秋七月，武宣卞后祔葬于高陵。詔大司馬曹真、大將軍司馬宣王伐蜀。八月辛巳，行東巡，遣使者以特牛祠中嶽。乙未，幸許昌宮。九月，大雨，伊、洛、河、漢水溢，詔真等班師。冬十月乙卯，行還洛陽宮。庚申，令：『罪非殊死聽贖各有差。』十一月，太白犯歲星。十二月辛未，改葬文昭甄后于朝陽陵。丙寅，詔公卿舉賢良。

五年春正月，帝耕于籍田。三月，大司馬曹真薨。諸葛亮寇天水，詔大將軍司馬宣王拒之。自去冬十月至此月不雨，辛巳，大雩。夏四月，鮮卑附義王軻比能率其種人及丁零大人兒禪詣幽州貢名馬。復置護匈奴中郎將。秋七月丙子，以亮退走，封爵增位各有差。乙酉，皇子殷生，大赦。

八月，詔曰：『古者諸侯朝聘，所以敦睦親親協和萬國也。先帝著令，不欲使諸王在京都者，謂幼主在位，母后攝政，防微以漸，關諸盛衰也。朕惟不見諸王十有二載，悠悠之懷，能不興思！其令諸王及宗室公侯各將適子一人朝。後有少主、母后在宮者，自如先帝令，申明著于令。』冬十一月乙酉，月犯軒轅大星。戊戌晦，日有蝕之。十二月甲辰，月犯鎮星。戊午，太尉華歆薨。

六年春二月，詔曰：『古之帝王，封建諸侯，所以藩屏王室也。《詩》不云乎，「懷德維寧，宗子維城」。秦、漢繼周，或强或弱，俱失厥中。大魏創業，諸王開國，隨時之宜，未有定制，非所以永爲後法也。其改封諸侯王，皆以郡爲國。』三月癸酉，行東巡，所過存問高年鰥寡孤獨，賜穀帛。乙亥，月犯軒轅大星。夏四月壬寅，行幸許昌宮。甲子，初進新果于廟。五月，皇子殷薨，追封謚安平哀王。秋七月，以衛尉董昭爲司徒。九月，行幸摩陂，治許昌宮，起景福、承光殿。冬十月，殄夷將軍田豫帥衆討吳將周賀於成山，殺賀。十一月丙寅，太白晝見。有星孛于翼，近太微上將星。庚寅，陳思王植薨。十二月，行還許昌宮。

青龍元年春正月甲申，青龍見郟之摩陂井中。二月丁酉，幸摩陂觀龍，於是改年；改摩陂爲龍

陂，賜男子爵人二級，鰥寡孤獨無出今年租賦。三月甲子，詔公卿舉賢良篤行之士各一人。夏五月壬申，詔祀故大將軍夏侯惇、大司馬曹仁、車騎將軍程昱於太祖廟庭。戊寅，北海王蕤薨。閏月庚寅朔，日有蝕之。丁酉，改封宗室女非諸王女皆爲邑主。詔諸郡國山川不在祠典者勿祠。六月，洛陽宮鞠室災。

保塞鮮卑大人步度根與叛鮮卑大人軻比能私通，并州刺史畢軌表，輒出軍以外威比能，内鎮步度根。帝省表曰：『步度根以爲比能所誘，有自疑心。今軌出軍，適使二部驚合爲一，何所威鎮乎？』促敕軌，以出軍者慎勿越塞過句注也。比詔書到，軌以進軍屯陰館，遣將軍蘇尚、董弼追鮮卑。比能遣子將千餘騎迎步度根部落，與尚、弼相遇，戰於樓煩，二將没。步度根部落皆叛出塞，與比能合寇邊。遣驍騎將軍秦朗將中軍討之，虜乃走漠北。

秋九月，安定保塞匈奴大人胡薄居姿職等叛，司馬宣王遣將軍胡遵等追討，破降之。

冬十月，步度根部落大人戴胡阿狼泥等詣并州降，朗引軍還。

十二月，公孫淵斬送孫權所遣使張彌、許晏首，以淵爲大司馬樂浪公。

二年春二月己未，太白犯熒惑。癸酉，詔曰：『鞭作官刑，所以糾慢怠也，而頃多以無辜死。其減鞭杖之制，著于令。』三月庚寅，山陽公薨，帝素服發哀，遣使持節典護喪事。己酉，大赦。夏四月，大疫。崇華殿災。丙寅，詔有司以太牢告祠文帝廟。追謚山陽公爲漢孝獻皇帝，葬以漢禮。

是月，諸葛亮出斜谷，屯渭南，司馬宣王率諸軍拒之。詔宣王：『但堅壁拒守以挫其鋒，彼進不得志，退無與戰，久停則糧盡，虜略無所獲，則必走矣。走而追之，以逸待勞，全勝之道也。』

五月，太白晝見。孫權入居巢湖口，向合肥新城，又遣將陸議、孫韶各將萬餘人入淮、沔。六月，征東將軍滿寵進軍拒之。寵欲拔新城守，致賊壽春，帝不聽，曰：『昔漢光武遣兵縣據略陽，終以破隗囂，先帝東置合肥，南守襄陽，西固祁山，賊來輒破於三城之下者，地有所必爭也。縱權攻新城，必不能拔。敕諸將堅守，吾將自往征之，比至，恐權走也。』秋七月壬寅，帝親御龍舟東征，權攻新城，將軍張穎等拒守力戰，帝軍未至數百里，權遁走，議、韶等亦退。群臣以爲大將軍方與諸葛亮相持未解，車駕可西幸長安。帝曰：『權走，亮膽破，大將軍以制之，吾無憂矣。』遂進軍幸壽春，録諸將功，封賞各有差。八月己未，大曜兵，饗六軍，遣使者持節犒勞合肥、壽春諸軍。辛巳，行還許昌宮。

司馬宣王與亮相持，連圍積日，亮數挑戰，宣王堅壘不應。會亮卒，其軍退還。

冬十月乙丑，月犯鎮星及軒轅。戊寅，月犯太白。十一月，京都地震，從東南來，隱隱有聲，摇動屋瓦。十二月，詔有司删定大辟，減死罪。

三年春正月戊子，以大將軍司馬宣王爲太尉。己亥，復置朔方郡。京都大疫。二月丁巳，皇太后崩。乙亥，隕石于壽光縣。三月庚寅，葬文德郭后，營陵于首陽陵澗西，如終制。

是時，大治洛陽宮，起昭陽、太極殿，築總章觀。百姓失農時，直臣楊阜、高堂隆等各數切諫，雖不能聽，常優容之。

秋七月，洛陽崇華殿災。八月庚午，立皇子芳爲齊王，詢爲秦王。丁巳，行還洛陽宮。命有司復崇華，改名九龍殿。冬十月己酉，中山王袞薨。壬申，太白晝見。十一月丁酉，行幸許昌宮。

四年春二月，太白復晝見，月犯太白，又犯軒轅一星，入太微而出。夏四月，置崇文觀，徵善屬文者以充之。五月乙卯，司徒董昭薨。丁巳，肅慎氏獻楛矢。

六月壬申，詔曰：『有虞氏畫象而民弗犯，周人刑錯而不用。朕從百王之末，追望上世之風，邈乎何相去之遠？法令滋章，犯者彌多，刑罰愈衆，而奸不可止。往者按大辟之條，多所蠲除，思濟生民之命，此朕之至意也。而郡國蔽獄，一歲之中尚過數百，豈朕訓導不醇，俾民輕罪，將苛法猶存，爲之陷阱乎？有司其議獄緩死，務從寬簡，及乞恩者，或辭未出而獄以報斷，非所以究理盡情也。其令廷尉及天下獄官，諸有死罪具獄以定，非謀反及手殺人，亟語其親治，有乞恩者，使與奏當文書俱上，朕將思所以全之。其布告天下，使明朕意。』

秋七月，高句驪王宮斬送孫權使胡衛等首，詣幽州。甲寅，太白犯軒轅大星。冬十月己卯，行還洛陽宮。甲申，有星孛于大辰，乙酉，又孛于東方。十一月己亥，彗星見，犯宦者天紀星。十二月癸巳，司空陳群薨。乙未，行幸許昌宮。

景初元年春正月壬辰，山茌縣言黃龍見。於是有司奏，以爲魏得地統，宜以建丑之月爲正。三月，定曆改年爲孟夏四月。服色尚黃，犧牲用白，戎事乘黑首白馬，建大赤之旂，朝會建大白之旗。改太和曆曰景初曆。其春夏秋冬孟仲季月雖與正歲不同，至於郊祀、迎氣、礿祠、蒸嘗、巡狩、蒐田、分至啓閉、班宣時令、中氣早晚、敬授民事，皆以正歲斗建爲曆數之序。

五月己巳，行還洛陽宮。己丑，大赦。六月戊申，京都地震。己亥，以尚書令陳矯爲司徒，尚書右僕射衛臻爲司空。丁未，分魏興之魏陽、錫郡之安富、上庸爲上庸郡。省錫郡，以錫縣屬魏興郡。

有司奏：武皇帝撥亂反正，爲魏太祖，樂用武始之舞。文皇帝應天受命，爲魏高祖，樂用咸熙之舞。帝制作興治，爲魏烈祖，樂用章斌之舞。三祖之廟，萬世不毁。其餘四廟，親盡迭毁，如周后稷、文、武廟祧之制。

秋七月丁卯，司徒陳矯薨。孫權遣將朱然等二萬人圍江夏郡，荆州刺史胡質等擊之，然退走。初，權遣使浮海與高句驪通，欲襲遼東。遣幽州刺史毌丘儉率諸軍及鮮卑、烏丸屯遼東南界，璽書徵公孫淵。淵發兵反，儉進軍討之，會連雨十日，遼水大漲，詔儉引軍還。右北平。烏丸單于寇婁敦、遼西烏丸都督王護留等居遼東，率部衆隨儉内附。己卯，詔遼東將吏士民爲淵所脅略不得降者，一切赦之。辛卯，太白晝見。淵自儉還，遂自立爲燕王，置百官，稱紹漢元年。

詔青、兖、幽、冀四州大作海船。九月，冀、兖、徐、豫四州民遇水，遣侍御史循行没溺死亡及失財産者，在所開倉振救之。庚辰，皇后毛氏卒。冬十月丁未，月犯熒惑。癸丑，葬悼毛后于愍陵。乙卯，營洛陽南委粟山爲圜丘。十二月壬子冬至，始祀。丁巳，分襄陽臨沮、宜城、旍陽、邔四縣，置襄陽南部都尉。己未，有司奏文昭皇后立廟京都。分襄陽郡之鄀葉縣屬義陽郡。

二年春正月，詔太尉司馬宣王帥衆討遼東。

二月癸卯，以大中大夫韓暨爲司徒。癸丑，月犯心距星，又犯心中央大星。夏四月庚子，司徒韓暨薨。壬寅，分沛國蕭、相、竹邑、符離、蘄、銍、龍亢、山桑、洨、虹十縣爲汝陰郡。宋縣、陳郡苦縣皆屬譙郡。以沛、杼秋、公丘、彭城豐國、廣戚，并五縣爲沛王國。庚戌，大赦。五月乙亥，月犯心距星，又犯中央大星。六月，省漁陽郡之狐奴縣，復置安樂縣。

秋八月，燒當羌王芒中、注詣等叛，涼州刺史率諸郡攻討，斬注詣首。九月癸丑，有彗星見張宿。

丙寅，司馬宣王圍公孫淵於襄平，大破之，傳淵首于京都，海東諸郡平。冬十一月，録討淵功，太尉宣王以下增邑封爵各有差。初，帝議遣宣王討淵，發卒四萬人。議臣皆以爲四萬兵多，役費難供。帝曰：『四千里征伐，雖云用奇，亦當任力，不當稍計役費。』遂以四萬人行。及宣王至遼東，霖雨不得時攻，群臣或以爲淵未可卒破，宜詔宣王還。帝曰：『司馬懿臨危制變，擒淵可計日待也。』卒皆如所策。

壬午，以司空衛臻爲司徒，司隸校尉崔林爲司空。閏月，月犯心中央大星。十二月乙丑，帝寢疾不豫。辛巳，立皇后。賜天下男子爵人二級，鰥寡孤獨穀。以燕王宇爲大將軍，甲申免，以武衛將軍曹爽代之。

初，青龍三年中，壽春農民妻自言爲天神所下，命爲登女，當營衛帝室，蠲邪納福。飲人以水，及以洗瘡，或多愈者。於是立館後宮，下詔稱揚，甚見優寵。及帝疾，飲水無驗，於是殺焉。

三年春正月丁亥，太尉宣王還至河内，帝驛馬召到，引入卧内，執其手謂曰：『吾疾甚，以後事屬君，君其與爽輔少子。吾得見君，無所恨！』宣王頓首流涕。即日，帝崩于嘉福殿，時年三十六。癸丑，葬高平陵。

評曰：明帝沉毅斷識，任心而行，蓋有君人之至概焉。于時百姓彫弊，四海分崩，不先聿脩顯祖，闡拓洪基，而遽追秦皇、漢武，宮館是營，格之遠猷，其殆疾乎！

三國志卷四

魏書四

三少帝紀第四

齊王諱芳，字蘭卿。明帝無子，養王及秦王詢；宫省事秘，莫有知其所由來者。青龍三年，立爲齊王。景初三年正月丁亥朔，帝病甚，乃立爲皇太子。是日，即皇帝位，大赦。尊皇后曰皇太后。大將軍曹爽、太尉司馬宣王輔政。詔曰：『朕以眇身，繼承鴻業，煢煢在疚，靡所控告。大將軍、太尉奉受末命，夾輔朕躬，司徒、司空、冢宰、元輔總率百寮，以寧社稷，其與群卿大夫勉勖乃心，稱朕意焉。諸所興作宫室之役，皆以遺詔罷之。官奴婢六十已上，免爲良人。』二月，西域重譯獻火浣布，詔大將軍、太尉臨試以示百寮。

丁丑詔曰：『太尉體道正直，盡忠三世，南擒孟達，西破蜀虜，東滅公孫淵，功蓋海内。昔周成建保傅之官，近漢顯宗崇寵鄧禹，所以優隆雋乂，必有尊也。其以太尉爲太傅，持節統兵都督諸軍事如故。』三月，以征東將軍滿寵爲太尉。夏六月，以遼東東沓縣吏民渡海居齊郡界，以故縱城爲新沓縣以居徙民。秋七月，上始親臨朝，聽公卿奏事。八月，大赦。冬十月，以鎮南將軍黄權爲車騎將軍。

十二月，詔曰：『烈祖明皇帝以正月棄背天下，臣子永惟忌日之哀，其復用夏正；雖違先帝通三統之義，斯亦禮制所由變改也。又夏正於數爲得天正，其以建寅之月爲正始元年正月，以建丑月爲後十二月。』

正始元年春二月乙丑，加侍中中書監劉放、侍中中書令孫資爲左右光禄大夫。丙戌，以遼東汶、北豐縣民流徙渡海，規齊郡之西安、臨菑、昌國縣界爲新汶、南豐縣，以居流民。

自去冬十二月至此月不雨。丙寅，詔令獄官亟平冤枉，理出輕微；群公卿士讜言嘉謀，各悉乃心。夏四月，車騎將軍黄權薨。秋七月，詔曰：『《易》稱損上益下，節以制度，不傷財，不害民。方今百姓不足而御府多作金銀雜物，將奚以爲？今出黄金銀物百五十種，千八百餘斤，銷冶以供軍用。』八月，車駕巡省洛陽界秋稼，賜高年力田各有差。

二年春二月，帝初通《論語》，使太常以太牢祭孔子於辟雍，以顔淵配。

夏五月，吴將朱然等圍襄陽之樊城，太傅司馬宣王率衆拒之。六月辛丑，退。己卯，以征東將軍王淩爲車騎將軍。冬十二月，南安郡地震。

三年春正月，東平王徽薨。三月，太尉滿寵薨。秋七月甲申，南安郡地震。乙酉，以領軍將軍蔣濟爲太尉。冬十二月，魏郡地震。

四年春正月，帝加元服，賜群臣各有差。夏四月乙卯，立皇后甄氏，大赦。五月朔，日有食之，既。秋七月，詔祀故大司馬曹真、曹休、征南大將軍夏侯尚、太常桓階、司空陳群、太傅鍾繇、車騎將軍張郃、左將軍徐晃、前將軍張遼、右將軍樂進、太尉華歆、司徒王朗、驃騎將軍曹洪、征西將軍夏侯淵、後將軍朱靈、文聘、執金吾臧霸、破虜將軍李典、立義將軍龐德、武猛校尉典韋於太祖廟庭。

庚戌，中書令李豐與皇后父光禄大夫張緝等謀廢易大臣，以太常夏侯玄爲大將軍。事覺，諸所連及者皆伏誅。辛亥，大赦。三月，廢皇后張氏。夏四月，立皇后王氏，大赦。五月，封后父奉車都尉王夔爲廣明鄉侯、光禄大夫，位特進，妻田氏爲宣陽鄉君。秋九月，大將軍司馬景王將謀廢帝，以聞皇太后。甲戌，太后令曰：『皇帝芳春秋已長，不親萬機，耽淫內寵，沈漫女德，日延倡優，縱其醜謔；迎六宮家人留止內房，毁人倫之叙，亂男女之節；恭孝日虧，悖傲滋甚，不可以承天緒，奉宗廟。使兼太尉高柔奉策，用一元大武告于宗廟，遣芳歸藩于齊，以避皇位。』是日遷居別宮，年二十三。使者持節送衛，營齊王宮於河內之重門，制度皆如藩國之禮。

丁丑，令曰：『東海王霖，高祖文皇帝之子。霖之諸子，與國至親，高貴鄉公髦有大成之量，其以爲明皇帝嗣。』

高貴鄉公諱髦，字彦士，文帝孫，東海定王霖子也。正始五年，封郯縣高貴鄉公。少好學，夙成。齊王廢，公卿議迎立公。十月己丑，公至于玄武館，群臣奏請舍前殿，公以先帝舊處，避止西廂；群臣又請以法駕迎，公不聽。庚寅，公入于洛陽，群臣迎拜西掖門南，公下輿將答拜，儐者請曰：『儀不拜。』公曰：『吾人臣也。』遂答拜。至止車門下輿。左右曰：『舊乘輿入。』公曰：『吾被皇太后徵，未知所爲！』遂步至太極東堂，見于太后。其日即皇帝位於太極前殿，百僚陪位者欣欣焉。詔曰：『昔三祖神武聖德，應天受祚。齊王嗣位，肆行非度，顛覆厥德。皇太后深惟社稷之重，延納宰輔之謀，用替厥位，集大命于余一人。以眇眇之身，托于王公之上，夙夜祗畏，懼不能嗣守祖宗之大訓，恢中興之弘業，戰戰兢兢，如臨于谷。今群公卿士股肱之輔，四方征鎮宣力之佐，皆積德累功，忠勤帝室；庶憑先祖先父有德之臣，左右小子，用保乂皇家，俾朕蒙闇，垂拱而治。蓋聞人君之道，德厚侔天地，潤澤施四海，先之以慈愛，示之以好惡，然後教化行於上，兆民聽於下。朕雖不德，昧於大道，思與宇內共臻茲路。《書》不云乎：「安民則惠，黎民懷之。」』大赦，改元。減乘輿服御，後宮用度，及罷尚方御府百工技巧靡麗無益之物。

正元元年冬十月壬辰，遣侍中持節分適四方，觀風俗，勞士民，察冤枉失職者。癸巳，假大將軍司馬景王黄鉞，入朝不趨，奏事不名，劍履上殿。戊戌，黄龍見于鄴井中。甲辰，命有司論廢立定策之功，封爵、增邑、進位、班賜各有差。

二年春正月乙丑，鎮東將軍毌丘儉、揚州刺史文欽反。戊寅，大將軍司馬景王征之。癸未，車騎將軍郭淮薨。閏月己亥，破欽于樂嘉。欽遁走，遂奔吴。甲辰，安風津都尉斬儉，傳首京都。壬子，復特赦淮南士民諸爲儉、欽所詿誤者。以鎮南將軍諸葛誕爲鎮東大將軍。司馬景王薨于許昌。二月丁巳，以衛將軍司馬文王爲大將軍，録尚書事。

甲子，吴大將孫峻等衆號十萬至壽春，諸葛誕拒擊破之，斬吴左將軍留贊，獻捷于京都。三月，立皇后卞氏，大赦。夏四月甲寅，封后父卞隆爲列侯。甲戌，以征南大將軍王昶爲驃騎將軍。秋七月，以征東大將軍胡遵爲衛將軍，鎮東大將軍諸葛誕爲征東大將軍。

八月辛亥，蜀大將軍姜維寇狄道，雍州刺史王經與戰洮西，經大敗，還保狄道城。辛未，以長水

校尉鄧艾行安西將軍，與征西將軍陳泰并力拒維。戊辰，復遣太尉司馬孚爲後繼。九月庚子，講《尚書》業終，賜執經親授者司空鄭冲、侍中鄭小同等各有差。甲辰，姜維退還。冬十月，詔曰：『朕以寡德，不能式遏寇虐，乃令蜀賊陸梁邊陲。洮西之戰，至取負敗，將士死亡，計以千數，或没命戰場，冤魂不反，或牽掣虜手，流離異域，吾深痛愍，爲之悼心。其令所在郡典農及安撫夷二護軍各部大吏慰恤其門户，無差賦役一年；其力戰死事者，皆如舊科，勿有所漏。』

十一月甲午，以隴右四郡及金城，連年受敵，或亡叛投賊，其親戚留在本土者不安，皆特赦之。

癸丑，詔曰：『往者洮西之戰，將吏士民或臨陳戰亡，或沈溺洮水，骸骨不收，棄於原野，吾常痛之。其告征西、安西將軍，各令部人於戰處及水次鉤求屍喪，收斂藏埋，以慰存亡。』

甘露元年春正月辛丑，青龍見軹縣井中。乙巳，沛王林薨。

夏四月庚戌，賜大將軍司馬文王袞冕之服，赤舄副焉。

丙辰，帝幸太學，問諸儒曰：『聖人幽贊神明，仰觀俯察，始作八卦，後聖重之爲六十四，立爻以極數，凡斯大義，罔有不備，而夏有《連山》，殷有《歸藏》，周曰《周易》，《易》之書，其故何也？』《易》博士淳于俊對曰：『包羲因燧皇之圖而制八卦，神農演之爲六十四，黄帝、堯、舜通其變，三代隨時，質文各繇其事。故《易》者，變易也，名曰《連山》，似山出内雲氣，連天地也；《歸藏》者，萬事莫不歸藏于其中也。』帝又曰：『若使包羲因燧皇而作《易》，孔子何以不云燧人氏没包羲氏作乎？』俊不能答。帝又問曰：『孔子作彖、象，鄭玄作注，雖聖賢不同，其所釋經義一也。今彖、象不與經文相連，而注連之，何也？』俊對曰：『鄭玄合彖、象于經者，欲使學者尋省易了也。』帝曰：『若鄭玄合之，於學誠便，則孔子曷爲不合以了學者乎？』俊對曰：『孔子恐其與文王相亂，是以不合，此聖人以不合爲謙。』帝曰：『若聖人以不合爲謙，則鄭玄何獨不謙邪？』俊對曰：『古義弘深，聖問奥遠，非臣所能詳盡。』帝又問曰：『《繫辭》云「黄帝、堯、舜垂衣裳而天下治」，此包羲、神農之世爲無衣裳。但聖人化天下，何殊異爾邪？』俊對曰：『三皇之時，人寡而禽獸衆，故取其羽皮而天下用足，及至黄帝，人衆而禽獸寡，是以作爲衣裳以濟時變也。』帝又問：『乾爲天，而復爲金，爲玉，爲老馬，與細物並邪？』俊對曰：『聖人取象，或遠或近，近取諸物，遠則天地。』

講《易》畢，復命講《尚書》。帝問曰：『鄭玄曰「稽古同天，言堯同於天也」。王肅云「堯順考古道而行之」。二義不同，何者爲是？』博士庾峻對曰：『先儒所執，各有乖異，臣不足以定之。然《洪範》稱「三人占，從二人之言」。賈、馬及肅皆以爲「順考古道」。以《洪範》言之，肅義爲長。』帝曰：『仲尼言「唯天爲大，唯堯則之」。堯之大美，在乎則天，順考古道，非其至也。今發篇開義以明聖德，而舍其大，更稱其細，豈作者之意邪？』峻對曰：『臣奉遵師説，未喻大義，至于折中，裁之聖思。』次及四嶽舉鯀，帝又問曰：『夫大人者，與天地合其德，與日月合其明，思無不周，明無不照，今王肅云「堯意不能明鯀，是以試用」。如此，聖人之明有所未盡邪？』峻對曰：『雖聖人之弘，猶有所未盡，故禹曰「知人則哲，惟帝難之」，然卒能改授聖賢，緝熙庶績，亦所以成聖也。』帝曰：『夫有始有卒，其唯聖人。若不能始，何以爲聖？其言「惟帝難之」，然卒能改授，蓋謂知人，聖人所難，非不

天知命，深鑒禍福，翻然舉衆，遠歸大國，雖微子去殷，樂毅遁燕，無以加之。其以壹爲侍中、車騎將軍、假節、交州牧、吴侯，開府辟召儀同三司，依古侯伯八命之禮，衮冕赤舄，事從豐厚。』

甲子，詔曰：『今車駕駐項，大將軍恭行天罰，前臨淮浦。昔相國大司馬征討，皆與尚書俱行，今宜如舊。』乃令散騎常侍裴秀、給事黄門侍郎鍾會咸與大將軍俱行。秋八月，詔曰：『昔燕刺王謀反，韓誼等諫而死，漢朝顯登其子。諸葛誕創造凶亂，主簿宣隆、部曲督秦絜秉節守義，臨事固争，爲誕所殺，所謂無比干之親而受其戮者。其以隆、絜子爲騎都尉，加以贈賜，光示遠近，以殊忠義。』

九月，大赦。冬十二月，吴大將全端、全懌等率衆降。

三年春二月，大將軍司馬文王陷壽春城，斬諸葛誕。三月，詔曰：『古者克敵，收其屍以爲京觀，所以懲昏逆而章武功也。漢孝武元鼎中，改桐鄉爲聞喜，新鄉爲獲嘉，以著南越之亡。大將軍親總六戎，營據丘頭，内夷群凶，外殄寇虜，功濟兆民，聲振四海。克敵之地，宜有令名，其改丘頭爲武丘，明以武平亂，後世不忘，亦京觀二邑之義也。』

夏五月，命大將軍司馬文王爲相國，封晋公，食邑八郡，加之九錫，文王前後九讓乃止。

六月丙子，詔曰：『昔南陽郡山賊擾攘，欲劫質故太守東里衮，功曹應余獨身捍衮，遂免於難。余顛沛殞斃，殺身濟君。其下司徒，署余孫倫吏，使蒙伏節之報。』

辛卯，大論淮南之功，封爵行賞各有差。

秋八月甲戌，以驃騎將軍王昶爲司空。丙寅，詔曰：『夫養老興教，三代所以樹風化垂不朽也，必有三老、五更以崇至敬，乞言納誨，著在惇史，然後六合承流，下觀而化。宜妙簡德行，以充其選。關内侯王祥，履仁秉義，雅志淳固。關内侯鄭小同，温恭孝友，帥禮不忒。其以祥爲三老，小同爲五更。』車駕親率群司，躬行古禮焉。

是歲，青龍、黄龍仍見頓丘、冠軍、陽夏縣界井中。

四年春正月，黄龍二見寧陵縣界井中。夏六月，司空王昶薨。秋七月，陳留王峻薨。冬十月丙寅，分新城郡，復置上庸郡。十一月癸卯，車騎將軍孫壹爲婢所殺。

五年春正月朔，日有蝕之。夏四月，詔有司率遵前命，復進大將軍司馬文王位爲相國，封晋公，加九錫。

五月己丑，高貴鄉公卒，年二十。皇太后令曰：『吾以不德，遭家不造，昔援立東海王子髦，以爲明帝嗣，見其好書疏文章，冀可成濟，而情性暴戾，日月滋甚。吾數呵責，遂更忿恚，造作醜逆不道之言以誣謗吾，遂隔絶兩宫。其所言道，不可忍聽，非天地所覆載。吾即密有令語大將軍，不可以奉宗廟，恐顛覆社稷，死無面目以見先帝。大將軍以其尚幼，謂當改心爲善，殷勤執據。而此兒忿戾，所行益甚，舉弩遥射吾宫，祝當令中吾項，箭親墮吾前。吾語大將軍，不可不廢之，前後數十。此兒具聞，自知罪重，便圖爲弑逆，賂遺吾左右人，令因吾服藥，密行酖毒，重相設計。事已覺露，直欲因際會舉兵入西宫殺吾，出取大將軍，呼侍中王沈、散騎常侍王業、尚書王經，出懷中黄素詔示之，

言今日便當施行。吾之危殆，過于累卵。吾老寡，豈復多惜餘命邪？但傷先帝遺意不遂，社稷顛覆爲痛耳。賴宗廟之靈，沈、業即馳語大將軍，得先嚴警，而此兒便將左右出雲龍門，雷戰鼓，躬自拔刃，與左右雜衛共入兵陳間，爲前鋒所害。此兒既行悖逆不道，而又自陷大禍，重令吾悼心不可言。昔漢昌邑王以罪廢爲庶人，此兒亦宜以民禮葬之，當令內外咸知此兒所行。又尚書王經，凶逆無狀，其收經及家屬皆詣廷尉。」

庚寅，太傅孚、大將軍文王、太尉柔、司徒沖稽首言：「伏見中令，故高貴鄉公悖逆不道，自陷大禍，依漢昌邑王罪廢故事，以民禮葬。臣等備位，不能匡救禍亂，式遏奸逆，奉令震悚，肝心悼慄。《春秋》之義，王者無外，而書「襄王出居于鄭」，不能事母，故絕之于位也。今高貴鄉公肆行不軌，幾危社稷，自取傾覆，人神所絕，葬以民禮，誠當舊典。然臣等伏惟殿下仁慈過隆，雖存大義，猶垂哀矜，臣等之心實有不忍，以爲可加恩以王禮葬之。」太后從之。

使使持節行中護軍中壘將軍司馬炎北迎常道鄉公璜嗣明帝後。辛卯，群公奏太后曰：「殿下聖德光隆，寧濟六合，而猶稱令，與藩國同。請自今殿下令書，皆稱詔制，如先代故事。」

癸卯，大將軍固讓相國、晉公、九錫之寵。太后詔曰：「夫有功不隱，《周易》大義，成人之美，古賢所尚，今聽所執，出表示外，以章公之謙光焉。」

戊申，大將軍文王上言：「高貴鄉公率將從駕人兵，拔刃鳴金鼓向臣所止；懼兵刃相接，即敕將士不得有所傷害，違令以軍法從事。騎督成倅弟太子舍人濟，橫入兵陳傷公，遂至隕命；輒收濟行軍法。臣聞人臣之節，有死無二，事上之義，不敢逃難。前者變故卒至，禍同發機，誠欲委身守死，唯命所裁。然惟本謀乃欲上危皇太后，傾覆宗廟。臣忝當大任，義在安國，懼雖身死，罪責彌重。欲遵伊、周之權，以安社稷之難，即駱驛申敕，不得迫近輦輿，而濟遽入陳間，以致大變。哀怛痛恨，五內摧裂，不知何地可以隕墜？科律大逆無道，父母妻子同產皆斬。濟凶戾悖逆，干國亂紀，罪不容誅。輒敕侍御史收濟家屬，付廷尉，結正其罪。」太后詔曰：「夫五刑之罪，莫大於不孝。夫人有子不孝，尚告治之，此兒豈復成人主邪？吾婦人不達大義，以謂濟不得便爲大逆也。然大將軍志意懇切，發言惻愴，故聽如所奏。當班下遠近，使知本末也。」

六月癸丑，詔曰：「古者人君之爲名字，難犯而易諱。今常道鄉公諱字甚難避，其朝臣博議改易，列奏。」

陳留王諱奐，字景明，武帝孫，燕王宇子也。甘露三年，封安次縣常道鄉公。高貴鄉公卒，公卿議迎立公。六月甲寅，入于洛陽，見皇太后，是日即皇帝位于太極前殿，大赦，改年，賜民爵及穀帛各有差。

景元元年夏六月丙辰，進大將軍司馬文王位爲相國，封晉公，增封二郡，并前滿十，加九錫之禮，一如前詔；諸群從子弟，其未有侯者皆封亭侯，賜錢千萬，帛萬匹，文王固讓乃止。己未，故漢獻帝夫人節薨，帝臨于華林園，使使持節追謚夫人爲獻穆皇后。及葬，車服制度皆如漢氏故事。癸亥，以尚書右僕射王觀爲司空，冬十月，觀薨。

十一月，燕王上表賀冬至，稱臣。詔曰：『古之王者，或有所不臣，王將宜依此義。表不稱臣乎！又當爲報。夫後大宗者，降其私親，況所繼者重邪！若便同之臣妾，亦情所未安。其皆依禮典處當，務盡其宜。』有司奏，以爲『禮莫崇于尊祖，制莫大于正典。陛下稽德期運，撫臨萬國，紹大宗之重，隆三祖之基。伏惟燕王體尊戚屬，正位藩服，躬秉虔肅，率蹈恭德以先萬國；其于正典，闡濟大順，所不得制。聖朝誠宜崇以非常之制，奉以不臣之禮。臣等平議以爲燕王章表，可聽如舊式。中詔所施，或存好問，準之義類，則燕覲之敬也，可少順聖敬，加崇儀稱，示不敢斥，宜曰「皇帝敬問大王侍御」。至于制書，國之正典，朝廷所以辨章公制，宜昭軌儀于天下者也，宜循法，故曰「制詔燕王」。凡詔命、制書、奏事、上書諸稱燕王者，可皆上平。其非宗廟助祭之事，皆不得稱王名，奏事、上書、文書及吏民皆不得觸王諱，以彰殊禮，加于群后。上遵王典尊祖之制，俯順聖敬烝烝之心，二者不愆，禮實宜之，可普告施行。』

十二月甲申，黄龍見華陰縣井中。甲午，以司隸校尉王祥爲司空。

二年夏五月朔，日有食之。秋七月，樂浪外夷韓、濊貊各率其屬來朝貢。八月戊寅，趙王幹薨。甲寅，復命大將軍進爵晉公，加位相國，備禮崇錫，一如前詔；又固辭乃止。

三年春二月，青龍見于軹縣井中。夏四月，遼東郡言肅慎國遣使重譯入貢，獻其國弓三十張，長三尺五寸，楛矢長一尺八寸，石砮三百枚，皮骨鐵雜鎧二十領，貂皮四百枚。冬十月，蜀大將姜維寇洮陽，鎮西將軍鄧艾拒之，破維于侯和，維遁走。是歲，詔祀故軍祭酒郭嘉於太祖廟庭。

四年春二月，復命大將軍進位爵賜一如前詔，又固辭乃止。

夏五月，詔曰：『蜀，蕞爾小國，土狹民寡，而姜維虐用其衆，曾無廢志；往歲破敗之後，猶復耕種沓中，刻剝衆羌，勞役無已，民不堪命。夫兼弱攻昧，武之善經，致人而不致於人，兵家之上略。蜀所恃賴，唯維而已，因其遠離巢窟，用力爲易。今使征西將軍鄧艾督帥諸軍，趣甘松、沓中以羅取維，雍州刺史諸葛緒督諸軍趣武都、高樓，首尾蹴討。若擒維，便當東西並進，掃滅巴蜀也。』又命鎮西將軍鍾會由駱谷伐蜀。

秋九月，太尉高柔薨。冬十月甲寅，復命大將軍進位爵賜一如前詔。癸卯，立皇后卞氏，十一月，大赦。

自鄧艾、鍾會率衆伐蜀，所至輒克。是月，蜀主劉禪詣艾降，巴蜀皆平。十二月庚戌，以司徒鄭沖爲太保。壬子，分益州爲梁州。癸丑，特赦益州士民，復除租賦之半五年。

乙卯，以征西將軍鄧艾爲太尉，鎮西將軍鍾會爲司徒。皇太后崩。

咸熙元年春正月壬戌，檻車徵鄧艾。甲子，行幸長安。壬申，使使者以璧幣祀華山。是月，鍾會反于蜀，爲衆所討；鄧艾亦見殺。二月辛卯，特赦諸在益土者。庚申，葬明元郭后。三月丁丑，以司空王祥爲太尉，征北將軍何曾爲司徒，尚書左僕射荀顗爲司空。己卯，進晉公爵爲王，封十郡，并前二十。丁亥，封劉禪爲安樂公。夏五月庚申，相國晉王奏復五等爵。甲戌，改年。癸未，追命舞陽宣文侯爲晉宣王，舞陽忠武侯爲晉景王。六月，鎮西將軍衛瓘上雍州兵于成都縣獲璧玉印各一，印文

似『成信』字，依周成王歸禾之義，宣示百官，藏于相國府。

初，自平蜀之後，吴寇屯逼永安，遣荆、豫諸軍掎角赴救。七月，賊皆遁退。八月庚寅，命中撫軍司馬炎副貳相國事，以同魯公拜後之義。

癸巳，詔曰：『前逆臣鍾會構造反亂，聚集征行將士，劫以兵威，始吐奸謀，發言桀逆，逼脅衆人，皆使下議，倉卒之際，莫不驚懾。相國左司馬夏侯和、騎士曹屬朱撫時使在成都，中領軍司馬賈輔、郎中羊琇各參會軍事；和、琇、撫皆抗節不撓，拒會凶言，臨危不顧，詞指正烈。輔語散將王起，説「會奸逆凶暴，欲盡殺將士」，又云「相國已率三十萬衆西行討會」，欲以稱張形勢，感激衆心。起出，以輔言宣語諸軍，遂使將士益懷奮勵。宜加顯寵，以彰忠義。其進和、輔爵爲鄉侯，琇、撫爵關内侯。起宣傳輔言，告令將士，所宜賞異。其以起爲部曲將。』

癸卯，以衛將軍司馬望爲驃騎將軍。九月戊午，以中撫軍司馬炎爲撫軍大將軍。

辛未，詔曰：『吴賊政刑暴虐，賦斂無極。孫休遣使鄧句，敕交阯太守鎖送其民，發以爲兵。吴將吕興因民心憤怒，又承王師平定巴蜀，即糾合豪傑，誅除句等，驅逐太守長吏，撫和吏民，以待國命。九真、日南郡聞興去逆即順，亦齊心響應，與興協同。興移書日南州郡，開示大計，兵臨合浦，告以禍福；遣都尉唐譜等詣進乘縣，因南中都督護軍霍弋上表自陳。又交阯將吏各上表，言「興創造事業，大小承命。郡有山寇，入連諸郡，懼其計異，各有携貳。權時之宜，以興爲督交阯諸軍事、上大將軍、定安縣侯，乞賜褒獎，以慰邊荒」。乃心款誠，形于辭旨。昔儀父朝魯，《春秋》所美；竇融歸漢，待以殊禮。今國威遠震，撫懷六合，方包舉殊裔，混一四表。興首向王化，舉衆稽服，萬里馳義，請吏帥職，宜加寵遇，崇其爵位。既使興等懷忠感悦，遠人聞之，必皆競勸。其以興爲使持節、都督交州諸軍事、南中大將軍，封定安縣侯，得以便宜從事，先行後上。』策命未至，興爲下人所殺。

冬十月丁亥，詔曰：『昔聖帝明王，静亂濟世，保大定功，文武殊塗，勳烈同歸。是故或舞干戚以訓不庭，或陳師旅以威暴慢。至于愛民全國，康惠庶類，必先脩文教，示之軌儀，不得已然後用兵，此盛德之所同也。往者季漢分崩，九土顛覆，劉備、孫權乘間作禍。三祖綏寧中夏，日不暇給，遂使遺寇僭逆歷世。幸賴宗廟威靈，宰輔忠武，爰發四方，拓定庸、蜀，役不浹時，一征而克。自頃江表衰弊，政刑荒闇，巴、漢平定，孤危無援，交、荆、揚、越，靡然向風。今交阯僞將吕興已帥三郡，萬里歸命；武陵邑侯相嚴等糾合五縣，請爲臣妾；豫章廬陵山民舉衆叛吴，以助北將軍爲號。又孫休病死，主帥改易，國内乖違，人各有心。僞將施績，賊之名臣，懷疑自猜，深見忌惡。衆叛親離，莫有固志，自古及今，未有亡徵若此之甚。若六軍震曜，南臨江、漢，吴會之域必扶老携幼以迎王師，必然之理也。然興動大衆，猶有勞費，宜告喻威德，開示仁信，使知順附和同之利。相國參軍事徐紹、水曹掾孫彧，昔在壽春，並見虜獲。紹本僞南陵督，才質開壯；彧，孫權支屬，忠良見事。其遣紹南還，以彧爲副，宣揚國命，告喻吴人，諸所示語，皆以事實，若其覺悟，不損征伐之計，蓋廟勝長算，自古之道也。其以紹兼散騎常侍，加奉車都尉，封都亭侯；彧兼給事黄門侍郎，賜爵關内侯。紹等所賜妾及男女家人在此者，悉聽自隨，以明國恩，不必使還，以開廣大信。』

丙午，命撫軍大將軍新昌鄉侯炎爲晉世子。是歲，罷屯田官以均政役，諸典農皆爲太守，都尉皆爲令長；勸募蜀人能内移者，給廩二年，復除二十歲。安彌、福祿縣各言嘉禾生。

二年春二月甲辰，朐䏰縣獲靈龜以獻，歸之于相國府。庚戌，以虎賁張脩昔於成都馳馬至諸營言鍾會反逆，以至没身，賜脩弟倚爵關内侯。夏四月，南深澤縣言甘露降。吳遣使紀陟、弘璆請和。

五月，詔曰：『相國晉王誕敷神慮，光被四海；震燿武功，則威蓋殊荒，流風邁化，則旁洽無外。愍恤江表，務存濟育，戢武崇仁，示以威德。文告所加，承風嚮慕，遣使納獻，以明委順，方寶纖珍，歡以效意。而王謙讓之至，一皆簿送，非所以慰副初附，從其款願也。孫皓諸所獻致，其皆還送，歸之于王，以協古義。』王固辭乃止。又命晉王冕十有二旒，建天子旌旗，出警入蹕，乘金根車、六馬，備五時副車，置旄頭雲罕，樂舞八佾，設鍾虡宮縣。進王妃爲王后，世子爲太子，王子、王女、王孫，爵命之號如舊儀。癸未，大赦。秋八月辛卯，相國晉王薨。壬辰，晉太子炎紹封襲位，總攝百揆，備物典册，一皆如前。是月，襄武縣言有大人見，長三丈餘，迹長三尺二寸，白髮，著黄單衣，黄巾，柱杖，呼民王始語云：『今當太平。』九月乙未，大赦。戊午，司徒何曾爲晉丞相。癸亥，以驃騎將軍司馬望爲司徒，征東大將軍石苞爲驃騎將軍，征南大將軍陳騫爲車騎將軍。乙亥，葬晉文王。閏月庚辰，康居、大宛獻名馬，歸于相國府，以顯懷萬國致遠之勳。

十二月壬戌，天祿永終，曆數在晉。詔群公卿士具儀設壇于南郊，使使者奉皇帝璽綬册，禪位于晉嗣王，如漢魏故事。甲子，使使者奉策。遂改次于金墉城，而終館于鄴，時年二十。

評曰：古者以天下爲公，唯賢是與。後代世位，立子以適；若適嗣不繼，則宜取旁親明德，若漢之文、宣者，斯不易之常準也。明帝既不能然，情繫私愛，撫養嬰孩，傳以大器，托付不專，必參枝族，終于曹爽誅夷，齊王替位。高貴公才慧夙成，好問尚辭，蓋亦文帝之風流也；然輕躁忿肆，自蹈大禍。陳留王恭己南面，宰輔統政，仰遵前式，揖讓而禪，遂饗封大國，作賓于晉，比之山陽，班寵有加焉。

三國志卷五

魏書五

后妃傳第五

《易》稱「男正位乎外，女正位乎內；男女正，天地之大義也。」古先哲王，莫不明后妃之制，順天地之德，故二妃嬪媯，虞道克隆；任、姒配姬，周室用熙，廢興存亡，恒此之由。《春秋說》云天子十二女，諸侯九女，考之情理，不易之典也。而末世奢縱，肆其侈欲，至使男女怨曠，感動和氣，惟色是崇，不本淑懿，故風教陵遲而大綱毀泯，豈不惜哉！嗚呼，有國有家者，其可以永鑒矣！

漢制，帝祖母曰太皇太后，帝母曰皇太后，帝妃曰皇后，其餘內官十有四等。魏因漢法，母后之號，皆如舊制，自夫人以下，世有增損。太祖建國，始命王后，其下五等：有夫人，有昭儀，有倢伃，有容華，有美人。文帝增貴嬪、淑媛、脩容、順成、良人。明帝增淑妃、昭華、脩儀；除順成官。太和中始復命夫人，登其位於淑妃之上。自夫人以下，爵凡十二等：貴嬪、夫人，位次皇后，爵無所視；淑妃位視相國，爵比諸侯王；淑媛位視御史大夫，爵比縣公；昭儀比縣侯；昭華比鄉侯；脩容比亭侯；脩儀比關內侯；倢伃視中二千石；容華視真二千石；美人視比二千石；良人視千石。

武宣卞皇后，琅邪開陽人，文帝母也。本倡家，年二十，太祖於譙納后為妾。後隨太祖至洛。及董卓為亂，太祖微服東出避難。袁術傳太祖凶問，時太祖左右至洛者皆欲歸，后止之曰：「曹君吉凶未可知，今日還家，明日若在，何面目復相見也？正使禍至，共死何苦！」遂從后言。太祖聞而善之。建安初，丁夫人廢，遂以后為繼室。諸子無母者，太祖皆令后養之。文帝為太子，左右長御賀后曰：「將軍拜太子，天下莫不歡喜，后當傾府藏賞賜。」后曰：「王自以丕年大，故用為嗣，我但當以免無教導之過為幸耳，亦何為當重賜遺乎！」長御還，具以語太祖。太祖悅曰：「怒不變容，喜不失節，故是最為難。」

二十四年，拜為王后，策曰：「夫人卞氏，撫養諸子，有母儀之德。今進位王后，太子諸侯陪位，群卿上壽，減國內死罪一等。」二十五年，太祖崩，文帝即王位，尊后曰王太后。及踐阼，尊后曰皇太后，稱永壽宮。明帝即位，尊太后曰太皇太后。

黃初中，文帝欲追封太后父母，尚書陳群奏曰：「陛下以聖德應運受命，創業革制，當永為後式。案典籍之文，無婦人分土命爵之制。在禮典，婦因夫爵。秦違古法，漢氏因之，非先王之令典也。」帝曰：「此議是也，其勿施行。以作著詔下藏之臺閣，永為後式。」至太和四年春，明帝乃追諡太后祖父廣曰開陽恭侯，父遠曰敬侯，祖母周封陽都君及敬侯夫人，皆贈印綬。其年五月，后崩。七月，合葬高陵。

初，太后弟秉，以功封都鄉侯，黃初七年進封開陽侯，邑千二百戶，為昭烈將軍。秉薨，子蘭嗣。少有才學，為奉車都尉、游擊將軍，加散騎常侍。蘭薨，子暉嗣。又分秉爵，封蘭弟琳為列侯，官至步兵校尉。蘭子隆女為高貴鄉公皇后，隆以后父為光祿大夫，位特進，封睢陽鄉侯，妻王為顯陽鄉君。

追封隆前妻劉爲順陽鄉君，后親母故也。琳女又爲陳留王皇后，時琳已没，封琳妻劉爲廣陽鄉君。

文昭甄皇后，中山無極人，明帝母，漢太保甄邯後也，世吏二千石。父逸，上蔡令。后三歲失父。後天下兵亂，加以飢饉，百姓皆賣金銀珠玉寶物，時后家大有儲穀，頗以買之。后年十餘歲，白母曰：『今世亂而多買寶物，匹夫無罪，懷璧爲罪。又左右皆飢乏，不如以穀振給親族鄰里，廣爲恩惠也。』舉家稱善，即從后言。

建安中，袁紹爲中子熙納之。熙出爲幽州，后留養姑。及冀州平，文帝納后于鄴，有寵，生明帝及東鄉公主。延康元年正月，文帝即王位，六月，南征，后留鄴。黄初元年十月，帝踐阼。踐阼之後，山陽公奉二女以嬪于魏，郭后、李、陰貴人並愛幸，后愈失意，有怨言。帝大怒，二年六月，遣使賜死，葬于鄴。

明帝即位，有司奏請追謚，使司空王朗持節奉策以太牢告祠于陵，又别立寢廟。太和元年三月，以中山魏昌之安城鄉戶千，追封逸，謚曰敬侯；適孫像襲爵。四月，初營宗廟，掘地得玉璽，方一寸九分，其文曰『天子羡思慈親』，明帝爲之改容，以太牢告廟。又嘗夢見后，於是差次舅氏親疏高下，叙用各有差，賞賜累鉅萬；以像爲虎賁中郎將。是月，后母薨，帝制緦服臨喪，百僚陪位。四年十一月，以后舊陵庳下，使像兼太尉，持節詣鄴，昭告后土，十二月，改葬朝陽陵。像還，遷散騎常侍。青龍二年春，追謚后兄儼曰安城鄉穆侯。夏，吴賊寇揚州，以像爲伏波將軍，持節監諸將東征，還，復爲射聲校尉。三年薨，追贈衛將軍，改封魏昌縣，謚曰貞侯；子暢嗣。又封暢弟温、韡、豔皆爲列侯。四年，改逸、儼本封皆曰魏昌侯，謚因故。封儼世婦劉爲東鄉君，又追封逸世婦張爲安喜君。

景初元年夏，有司議定七廟。冬，又奏曰：『蓋帝王之興，既有受命之君，又有聖妃協于神靈，然後克昌厥世，以成王業焉。昔高辛氏卜其四妃之子皆有天下，而帝摯、陶唐、商、周代興。周人上推后稷，以配皇天，追述王初，本之姜嫄，特立宫廟，世世享嘗，《周禮》所謂「奏夷則，歌中吕，舞大濩，以享先妣」者也。詩人頌之曰：「厥初生民，時維姜嫄。」言王化之本，生民所由。又曰：「閟宫有侐，實實枚枚，赫赫姜嫄，其德不回。」《詩》、《禮》所稱姬宗之盛，其美如此。大魏期運，繼于有虞，然崇弘帝道，三世彌隆，廟祧之數，實與周同。今武宣皇后、文德皇后各配無窮之祚，至於文昭皇后膺天靈符，誕育明聖，功濟生民，德盈宇宙，開諸後嗣，乃道化之所興也。寢廟特祀，亦姜嫄之閟宫也，而未著不毁之制，懼論功報德之義，萬世或闕焉，非所以昭孝示後世也。文昭廟宜世世享祀奏樂，與祖廟同，永著不毁之典，以播聖善之風。』於是與七廟議並勒金策，藏之金匱。

帝思念舅氏不已。暢尚幼，景初末，以暢爲射聲校尉，加散騎常侍，又特爲起大第，車駕親自臨之。又於其後園爲像母起觀廟，名其里曰渭陽里，以追思母氏也。嘉平三年正月，暢薨，追贈車騎將軍，謚曰恭侯；子紹嗣。太和六年，明帝愛女淑薨，追封謚淑爲平原懿公主，爲之立廟。取后亡從孫黄與合葬，追封黄列侯，以夫人郭氏從弟悳爲之後，承甄氏姓，封悳爲平原侯，襲公主爵。青龍中，又封后從兄子毅及像弟三人，皆爲列侯。毅數上疏陳時政，官至越騎校尉。嘉平中，復封暢子二

帝之幸郭元后也，后愛寵日弛。景初元年，帝游後園，召才人以上曲宴極樂。元后曰『宜延皇后』，帝弗許。乃禁左右，使不得宣。后知之，明日，帝見后，后曰：『昨日游宴北園，樂乎？』帝以左右泄之，所殺十餘人。賜后死，然猶加謚，葬愍陵。遷曾散騎常侍，後徙爲羽林虎賁中郎將、原武典農。

明元郭皇后，西平人也，世河右大族。黄初中，本郡反叛，遂没入宫。明帝即位，甚見愛幸，拜爲夫人。叔父立爲騎都尉，從父芝爲虎賁中郎將。帝疾困，遂立爲皇后。齊王即位，尊后爲皇太后，稱永寧宫，追封謚太后父滿爲西都定侯，以立子建紹其爵。封太后母杜爲郃陽君。芝遷散騎常侍、長水校尉，立，宣德將軍，皆封列侯。建兄悳，出養甄氏。悳及建俱爲鎮護將軍，皆封列侯，並掌宿衛。值三主幼弱，宰輔統政，與奪大事，皆先咨啓於太后而後施行。毌丘儉、鍾會等作亂，咸假其命而以爲辭焉。景元四年十二月崩，五年二月，葬高平陵西。

評曰：魏后妃之家，雖云富貴，未有若衰漢乘非其據，宰割朝政者也。鑒往易軌，於斯爲美。追觀陳群之議，棧潛之論，適足以爲百王之規典，垂憲範乎後葉矣。

魏書六

董二袁劉傳第六

董卓字仲穎，隴西臨洮人也。少好俠，嘗游羌中，盡與諸豪帥相結。後歸耕於野，而豪帥有來從之者，卓與俱還，殺耕牛與相宴樂。諸豪帥感其意，歸相斂，得雜畜千餘頭以贈卓。漢桓帝末，以六郡良家子爲羽林郎。卓有才武，旅力少比，雙帶兩鞬，左右馳射。爲軍司馬，從中郎將張奐征并州有功，拜郎中，賜縑九千匹，卓悉以分與吏士。遷廣武令，蜀郡北部都尉，西域戊己校尉，免。徵拜并州刺史、河東太守，遷中郎將，討黃巾，軍敗抵罪。韓遂等起凉州，復爲中郎將，西拒遂。于望垣硤北，爲羌、胡數萬人所圍，糧食乏絶。卓僞欲捕魚，堰其還道當所渡水爲池，使水渟滿數十里，默從堰下過其軍而決堰。比羌、胡聞知追逐，水已深，不得渡。時六軍上隴西，五軍敗績，卓獨全衆而還，屯住扶風。拜前將軍，封斄鄉侯，徵爲并州牧。

靈帝崩，少帝即位。大將軍何進與司隸校尉袁紹謀誅諸閹官，太后不從。進乃召卓使將兵詣京師，并密令上書曰：『中常侍張讓等竊幸乘寵，濁亂海内。昔趙鞅興晉陽之甲，以逐君側之惡。臣輒鳴鐘鼓如洛陽，即討讓等。』欲以脅迫太后。卓未至，進敗。中常侍段珪等劫帝走小平津，卓遂將其衆迎帝于北芒，還宫。時進弟車騎將軍苗爲進衆所殺，進、苗部曲無所屬，皆詣卓。卓又使呂布殺執金吾丁原，并其衆，故京都兵權唯在卓。

先是，進遣騎都尉太山鮑信所在募兵，適至，信謂紹曰：『卓擁强兵，有異志，今不早圖，將爲所制；及其初至疲勞，襲之可禽也。』紹畏卓，不敢發，信遂還鄉里。

於是以久不雨，策免司空劉弘而卓代之，俄遷太尉，假節鉞虎賁。遂廢帝爲弘農王。尋又殺王及何太后。立靈帝少子陳留王，是爲獻帝。卓遷相國，封郿侯，贊拜不名，劍履上殿，又封卓母爲池陽君，置家令、丞。卓既率精兵來，適值帝室大亂，得專廢立，據有武庫甲兵，國家珍寶，威震天下。卓性殘忍不仁，遂以嚴刑脅衆，睚眦之隙必報，人不自保。嘗遣軍到陽城。時適二月社，民各在其社下，悉就斷其男子頭，駕其車牛，載其婦女財物，以所斷頭繫車轅軸，連軫而還洛，云攻賊大獲，稱萬歲。入開陽城門，焚燒其頭，以婦女與甲兵爲婢妾。至于奸亂宫人公主。其凶逆如此。

初，卓信任尚書周毖，城門校尉伍瓊等，用其所舉韓馥、劉岱、孔伷、張咨、張邈等出宰州郡。而馥等至官，皆合兵將以討卓。卓聞之，以爲毖、瓊等通情賣己，皆斬之。

河内太守王匡，遣泰山兵屯河陽津，將以圖卓。卓遣疑兵若將於平陰渡者，潛遣鋭衆從小平北渡，繞擊其後，大破之津北，死者略盡。卓以山東豪傑並起，恐懼不寧。初平元年二月，乃徙天子都長安。焚燒洛陽宫室，悉發掘陵墓，取寶物。卓至西京，爲太師，號曰尚父。乘青蓋金華車，爪畫兩轓，時人號曰竿摩車。卓弟旻爲左將軍，封鄠侯；兄子璜爲侍中中軍校尉典兵；宗族内外並列朝廷。公卿見卓，謁拜車下，卓不爲禮。召呼三臺尚書以下自詣卓府啓事。築郿塢，高與長安城埒，積穀爲三十年儲，云事成，雄據天下，不成，守此足以畢老。嘗至郿行塢，公卿已下祖道於横門外。卓

豫施帳幔飲，誘降北地反者數百人，於坐中先斷其舌，或斬手足，或鑿眼，或鑊煑之，未死，偃轉杯案閒，會者皆戰慄亡失匕箸，而卓飲食自若。太史望氣，言當有大臣戮死者。故太尉張溫時爲衛尉，素不善卓，卓心怨之，因天有變，欲以塞咎，使人言溫與袁術交關，遂笞殺之。法令苛酷，愛憎淫刑，更相被誣，冤死者千數。百姓嗷嗷，道路以目。悉椎破銅人、鍾虡，及壞五銖錢。更鑄爲小錢，大五分，無文章，肉好無輪郭，不磨鑢。于是貨輕而物貴，穀一斛至數十萬。自是後錢貨不行。

三年四月，司徒王允、尚書僕射士孫瑞、卓將呂布共謀誅卓。是時，天子有疾新愈，大會未央殿。布使同郡騎都尉李肅等，將親兵十餘人，僞著衛士服守掖門。布懷詔書。卓至，肅等格卓。卓驚呼布所在。布曰『有詔』，遂殺卓，夷三族。主簿田景前趨卓尸，布又殺之；凡所殺三人，餘莫敢動。長安士庶咸相慶賀，諸阿附卓者皆下獄死。

初，卓女婿中郎將牛輔典兵別屯陝，分遣校尉李傕、郭汜、張濟略陳留、潁川諸縣。卓死，呂布使李肅至陝，欲以詔命誅輔。輔等逆與肅戰，肅敗走弘農，布誅肅。其後輔營兵有夜叛出者，營中驚，輔以爲皆叛，乃取金寶，獨與素所厚支胡赤兒等五六人相隨，逾城北渡河，赤兒等利其金寶，斬首送長安。

比傕等還，輔已敗，衆無所依，欲各散歸。既無赦書，而聞長安中欲盡誅涼州人，憂恐不知所爲。用賈詡策，遂將其衆而西，所在收兵，比至長安，衆十餘萬，與卓故部曲樊稠、李蒙、王方等合圍長安城。十日城陷，與布戰城中，布敗走。傕等放兵略長安，老少殺之悉盡，死者狼籍。誅殺卓者，尸王允于市。葬卓于郿，大風暴雨震卓墓，水流入藏，漂其棺槨。傕爲車騎將軍、池陽侯，領司隸校尉、假節。汜爲後將軍、美陽侯。稠爲右將軍、萬年侯。傕、汜、稠擅朝政。濟爲驃騎將軍、平陽侯，屯弘農。

是歲，韓遂、馬騰等降，率衆詣長安。以遂爲鎮西將軍，遣還涼州，騰征西將軍，屯郿。侍中馬宇與諫議大夫种邵、左中郎將劉範等謀，欲使騰襲長安，己爲內應，以誅傕等。騰引兵至長平觀，宇等謀泄，出奔槐里。稠擊騰，騰敗走，還涼州；又攻槐里，宇等皆死。時三輔民尚數十萬戶，傕等放兵劫略，攻剽城邑，人民飢困，二年閒相啖食略盡。

諸將爭權，遂殺稠，并其衆。汜與傕轉相疑，戰鬭長安中。傕質天子於營，燒宮殿城門，略官寺，盡收乘輿服御物置其家。傕使公卿詣汜請和，汜皆執之。相攻擊連月，死者萬數。

傕將楊奉與傕軍吏宋果等謀殺傕，事泄，遂將兵叛傕。傕衆叛，稍衰弱。張濟自陝和解之，天子乃得出，至新豐、霸陵閒。郭汜復欲脅天子還都郿。天子奔奉營，奉擊汜破之。汜走南山，奉及將軍董承以天子還洛陽。傕、汜悔遣天子，復相與和，追及天子於弘農之曹陽。奉急招河東故白波帥韓暹、胡才、李樂等合，與傕、汜大戰。奉兵敗，傕等縱兵殺公卿百官，略宮人入弘農。天子走陝，北渡河，失輜重，步行，唯皇后、貴人從，至大陽，止人家屋中。奉、暹等遂以天子都安邑，御乘牛車。太尉楊彪、太僕韓融近臣從者十餘人。以暹爲征東、才爲征西、樂征北將軍，並與奉、承持政。遣融至弘農，與傕、汜等連和，還所略宮人公卿百官，及乘輿車馬數乘。是時蝗蟲起，歲旱無穀，從官食棗菜。

諸將不能相率，上下亂，糧食盡。奉、暹、承乃以天子還洛陽。出箕關，下軹道，張楊以食迎道路，拜大司馬。語在《楊傳》。天子入洛陽，宮室燒盡，街陌荒蕪，百官披荊棘，依丘墻間。州郡各擁兵自衛，莫有至者。飢窮稍甚，尚書郎以下，自出樵采，或飢死墻壁間。

太祖乃迎天子都許。暹、奉不能奉王法，各出奔，寇徐、揚間，爲劉備所殺。董承從太祖歲餘，誅。建安二年，遣謁者僕射裴茂率關西諸將誅傕，夷三族。汜爲其將五習所襲，死于郿。濟飢餓，至南陽寇略，爲穰人所殺，從子繡攝其衆。才、樂留河東，才爲怨家所殺，樂病死。遂、騰自還涼州，更相寇。後騰入爲衛尉，子超領其部曲。十六年，超與關中諸將及遂等反，太祖征破之。語在《武紀》。遂奔金城，爲其將所殺。超據漢陽，騰坐夷三族。趙衢等舉義兵討超，超走漢中從張魯，後奔劉備，死于蜀。

袁紹字本初，汝南汝陽人也。高祖父安，爲漢司徒。自安以下四世居三公位，由是勢傾天下。紹有姿貌威容，能折節下士，士多附之，太祖少與交焉。以大將軍掾爲侍御史，稍遷中軍校尉，至司隸。

靈帝崩，太后兄大將軍何進與紹謀誅諸閹官，太后不從。乃召董卓，欲以脅太后。常侍、黃門聞之，皆詣進謝，唯所錯置。時紹勸進便可於此決之，至于再三，而進不許。令紹使洛陽方略武吏，檢司諸宦者。又令紹弟虎賁中郎將術選溫厚虎賁二百人，當入禁中，代持兵黃門陛守門户。中常侍段珪等矯太后命，召進入議，遂殺之，宮中亂。術將虎賁燒南宮嘉德殿青瑣門，欲以迫出珪等。珪等不

出，劫帝及帝弟陳留王走小平津。紹既斬宦者所署司隸校尉許相，遂勒兵捕諸閹人，無少長皆殺之。或有無鬚而誤死者，至自發露形體而後得免。宦者或有行善自守而猶見及。其濫如此。死者二千餘人。急追珪等，珪等悉赴河死。帝得還宮。

董卓呼紹，議欲廢帝，立陳留王。是時紹叔父隗爲太傅，紹僞許之，曰：『此大事，出當與太傅議。』卓曰：『劉氏種不足復遺。』紹不應，橫刀長揖而去。紹既出，遂亡奔冀州。侍中周毖、城門校尉伍瓊、議郎何顒等，皆名士也，卓信之，而陰爲紹，乃説卓曰：『夫廢立大事，非常人所及。紹不達大體，恐懼故出奔，非有他志也。今購之急，勢必爲變。袁氏樹恩四世，門世故吏遍於天下，若收豪傑以聚徒衆，英雄因之而起，則山東非公之有也。不如赦之，拜一郡守，則紹喜于免罪，必無患矣。』卓以爲然，乃拜紹勃海太守，封邟鄉侯。

紹遂以勃海起兵，將以誅卓。語在《武紀》。紹自號車騎將軍，主盟，與冀州牧韓馥立幽州牧劉虞爲帝，遣使奉章詣虞，虞不敢受。後馥軍安平，爲公孫瓚所敗。瓚遂引兵入冀州，以討卓爲名，內欲襲馥。馥懷不自安。會卓西入關，紹還軍延津，因馥惶遽，使陳留高幹、潁川荀諶等説馥曰：『公孫瓚乘勝來向南，而諸郡應之，袁車騎引軍東向，此其意不可知，竊爲將軍危之。』馥曰：『爲之奈何？』諶曰：『公孫提燕、代之卒，其鋒不可當。袁氏一時之傑，必不爲將軍下。夫冀州，天下之重資也，若兩雄并力，兵交於城下，危亡可立而待也。夫袁氏，將軍之舊，且同盟也，當今爲將軍計，莫若舉冀州以讓袁氏。袁氏得冀州，則瓚不能與之爭，必厚德將軍。冀州入於親交，是將軍有讓賢之名，

而身安於泰山也。願將軍勿疑！』馥素恇怯，因然其計。馥長史耿武、別駕閔純、治中李歷諫馥曰：『冀州雖鄙，帶甲百萬，穀支十年。袁紹孤客窮軍，仰我鼻息，譬如嬰兒在股掌之上，絕其哺乳，立可餓殺。奈何乃欲以州與之？』馥曰：『吾，袁氏故吏，且才不如本初，度德而讓，古人所貴，諸君獨何病焉！』從事趙浮、程奐請以兵拒之，馥又不聽。乃讓紹，紹遂領冀州牧。

從事沮授說紹曰：『將軍弱冠登朝，則播名海內；值廢立之際，則忠義奮發；單騎出奔，則董卓懷怖；濟河而北，則勃海稽首。振一郡之卒，撮冀州之衆，威震河朔，名重天下。雖黃巾猾亂，黑山跋扈，舉軍東向，則青州可定；還討黑山，則張燕可滅；回衆北首，則公孫必喪；震脅戎狄，則匈奴必從。橫大河之北，合四州之地，收英雄之才，擁百萬之衆，迎大駕於西京，復宗廟於洛邑，號令天下，以討未復，以此爭鋒，誰能敵之？比及數年，此功不難。』紹喜曰：『此吾心也。』即表授爲監軍、奮威將軍。卓遣執金吾胡母班、將作大匠吳脩齎詔書喻紹，紹使河內太守王匡殺之。卓聞紹得關東，乃悉誅紹宗族、太傅隗等。當是時，豪俠多附紹，皆思爲之報，州郡蜂起，莫不假其名。馥懷懼，從紹索去，往依張邈。後紹遣使詣邈，有所計議，與邈耳語。馥在坐上，謂見圖構，無何起至溷自殺。

初，天子之立非紹意，及在河東，紹遣潁川郭圖使焉。圖還，說紹迎天子都鄴，紹不從。會太祖迎天子都許，收河南地，關中皆附。紹悔，欲令太祖徙天子都鄄城以自密近，太祖拒之。天子以紹爲太尉，轉爲大將軍，封鄴侯，紹讓侯不受。頃之，擊破瓚于易京，并其衆。出長子譚爲青州，沮授諫紹：『必爲禍始。』紹不聽，曰：『孤欲令諸兒各據一州也。』又以中子熙爲幽州，甥高幹爲并州。衆數十萬，以審配、逢紀統軍事，田豐、荀諶、許攸爲謀主，顏良、文醜爲將率，簡精卒十萬，騎萬匹，將攻許。

先是，太祖遣劉備詣徐州拒袁術。術死，備殺刺史車冑，引軍屯沛。紹遣騎佐之。太祖遣劉岱、王忠擊之，不克。建安五年，太祖自東征備。田豐說紹襲太祖後，紹辭以子疾，不許，豐舉杖擊地曰：『夫遭難遇之機，而以嬰兒之病失其會，惜哉！』太祖至，擊破備；備奔紹。

紹進軍黎陽，遣顏良攻劉延于白馬。沮授又諫紹：『良性促狹，雖驍勇不可獨任。』紹不聽。太祖救延，與良戰，破斬良。紹渡河，壁延津南，使劉備、文醜挑戰。太祖擊破之，斬醜，再戰，禽紹大將。紹軍大震。太祖還官渡。沮授又曰：『北兵數衆而果勁不及南，南穀虛少而貨財不及北；南利在於急戰，北利在於緩搏。宜徐持久，曠以日月。』紹不從。連營稍前，逼官渡，合戰，太祖軍不利，復壁。紹爲高櫓，起土山，射營中，營中皆蒙楯，衆大懼。太祖乃爲發石車，擊紹樓，皆破，紹衆號曰霹靂車。紹爲地道，欲襲太祖營。太祖輒於内爲長塹以拒之，又遣奇兵襲擊紹運車，大破之，盡焚其穀。太祖與紹相持日久，百姓疲乏，多叛應紹，軍食乏。會紹遣淳于瓊等將兵萬餘人北迎運車，沮授說紹：『可遣將蔣奇別爲支軍於表，以斷曹公之鈔。』紹復不從。瓊宿烏巢，去紹軍四十里。太祖乃留曹洪守，自將步騎五千候夜潛往攻瓊。紹遣騎救之，敗走。破瓊等，悉斬之。太祖還，未至營，紹將高覽、張郃等率其衆降。紹衆大潰，紹與譚單騎退渡河。餘衆僞降，盡坑之。沮授不及紹渡，爲人

所執，詣太祖，太祖厚待之。後謀還袁氏，見殺。

初，紹之南也，田豐説紹曰：『曹公善用兵，變化無方，衆雖少，未可輕也，不如以久持之。將軍據山河之固，擁四州之衆，外結英雄，内脩農戰，然後簡其精鋭，分爲奇兵，乘虚迭出，以擾河南，救右則擊其左，救左則擊其右，使敵疲於奔命，民不得安業；我未勞而彼已困，不及二年，可坐克也。今釋廟勝之策，而決成敗於一戰，若不如志，悔無及也。』紹不從。豐懇諫，紹怒甚，以爲沮衆，械繫之。紹軍既敗，或謂豐曰：『君必見重。』豐曰：『若軍有利，吾必全，今軍敗，吾其死矣。』紹還，謂左右曰：『吾不用田豐言，果爲所笑。』遂殺之。紹外寬雅，有局度，憂喜不形于色，而内多忌害，皆此類也。

冀州城邑多叛，紹復擊定之。自軍敗後發病，七年，憂死。

紹愛少子尚，貌美，欲以爲後而未顯。審配、逢紀與辛評、郭圖争權，配、紀與尚比，評、圖與譚比。衆以譚長，欲立之。配等恐譚立而評等爲己害，緣紹素意，乃奉尚代紹位。譚至，不得立，自號車騎將軍。由是譚、尚有隙。太祖北征譚、尚。譚軍黎陽，尚少與譚兵，而使逢紀從譚。譚求益兵，配等議不與。譚怒，殺紀。太祖渡河攻譚，譚告急於尚。尚欲分兵益譚，恐譚遂奪其衆，乃使審配守鄴，尚自將兵助譚，與太祖相拒於黎陽。自九月至二月，大戰城下，譚、尚敗退，入城守。太祖將圍之，乃夜遁。追至鄴，收其麥，拔陰安，引軍還許。太祖南征荆州，軍至西平。譚、尚遂舉兵相攻，譚敗奔平原。尚攻之急，譚遣辛毗詣太祖請救。太祖乃還救譚，十月至黎陽。尚聞太祖北，釋平原還鄴。其將吕曠、吕翔叛尚歸太祖，譚復陰刻將軍印假曠、翔。太祖知譚詐，與結婚以安之，乃引軍還。尚使審配、蘇由守鄴，復攻譚平原。太祖進軍將攻鄴，到洹水，去鄴五十里，由欲爲内應，謀泄，與配戰城中，敗，出奔太祖。太祖遂進攻之，爲地道，配亦於内作塹以當之。配將馮禮開突門，内太祖兵三百餘人，配覺之，從城上以大石擊突中柵門，柵門閉，入者皆没。太祖遂圍之，爲塹，周四十里，初令淺，示若可越。配望而笑之，不出争利。太祖一夜掘之，廣深二丈，決漳水以灌之，自五月至八月，城中餓死者過半。尚聞鄴急，將兵萬餘人還救之，依西山來，東至陽平亭，去鄴十七里，臨滏水，舉火以示城中，城中亦舉火相應。配出兵城北，欲與尚對決圍。太祖逆擊之，敗還，尚亦破走，依曲漳爲營，太祖遂圍之。未合，尚懼，遣陰夔、陳琳乞降，不聽。尚還走濫口，進復圍之急，其將馬延等臨陳降，衆大潰，尚奔中山。盡收其輜重，得尚印綬、節鉞及衣物，以示其家，城中崩沮。配兄子榮守東門，夜開門内太祖兵，與配戰城中，生禽配。配聲氣壯烈，終無撓辭，見者莫不歎息。遂斬之。高幹以并州降，復以幹爲刺史。

太祖之圍鄴也，譚略取甘陵、安平、勃海、河間，攻尚於中山。尚走故安從熙，譚悉收其衆。太祖將討之，譚乃拔平原，并南皮，自屯龍湊。十二月，太祖軍其門，譚不出，夜遁奔南皮，臨清河而屯。十年正月，攻拔之，斬譚及圖等。熙、尚爲其將焦觸、張南所攻，奔遼西烏丸。觸自號幽州刺史，驅率諸郡太守令長，背袁向曹，陳兵數萬，殺白馬盟，令曰：『違命者斬！』衆莫敢語，各以次歃。至别駕韓珩，曰：『吾受袁公父子厚恩，今其破亡，智不能救，勇不能死，於義闕矣；若乃北面於曹氏，所

弗能爲也。』一坐爲珩失色。觸曰：『夫興大事，當立大義，事之濟否，不待一人，可卒珩志，以勵事君。』高幹叛，執上黨太守，舉兵守壺口關。遣樂進、李典擊之，未拔。十一年，太祖征幹。幹乃留其將夏昭、鄧升守城，自詣匈奴單于求救，不得，獨與數騎亡，欲南奔荆州，上洛都尉捕斬之。十二年，太祖至遼西擊烏丸。尚、熙與烏丸逆軍戰，敗走奔遼東，公孫康誘斬之，送其首。太祖高韓珩節，屢辟不至，卒於家。

袁術字公路，司空逢子，紹之從弟也。以俠氣聞。舉孝廉，除郎中，歷職內外，後爲折衝校尉、虎賁中郎將。董卓之將廢帝，以術爲後將軍；術亦畏卓之禍，出奔南陽。會長沙太守孫堅殺南陽太守張咨，術得據其郡。南陽户口數百萬，而術奢淫肆欲，徵斂無度，百姓苦之。既與紹有隙，又與劉表不平而北連公孫瓚；紹與瓚不和而南連劉表。其兄弟攜貳，捨近交遠如此。引軍入陳留。太祖與紹合擊，大破術軍。術以餘衆奔九江，殺揚州刺史陳温，領其州。以張勳、橋蕤等爲大將。李傕入長安，欲結術爲援，以術爲左將軍，封陽翟侯，假節，遣太傅馬日磾因循行拜授。術奪日磾節，拘留不遣。

時沛相下邳陳珪，故太尉球弟子也。術與珪俱公族子孫，少共交游，書與珪曰：『昔秦失其政，天下群雄爭而取之，兼智勇者卒受其歸。今世事紛擾，復有瓦解之勢矣，誠英乂有爲之時也。與足下舊交，豈肯左右之乎？若集大事，子實爲吾心膂。』珪中子應時在下邳，術並脅質應，圖必致珪。珪答書曰：『昔秦末世，肆暴恣情，虐流天下，毒被生民，下不堪命，故遂土崩。今雖季世，未有亡秦

苛暴之亂也。曹將軍神武應期，興復典刑，將撥平凶慝，清定海內，信有徵矣。以爲足下當戮力同心，匡翼漢室，而陰謀不軌，以身試禍，豈不痛哉！若迷而知反，尚可以免。吾備舊知，故陳至情，雖逆于耳，骨肉之惠也。欲吾營私阿附，有犯死不能也。』

興平二年冬，天子敗於曹陽。術會群下謂曰：『今劉氏微弱，海內鼎沸。吾家四世公輔，百姓所歸，欲應天順民，於諸君意如何？』衆莫敢對。主簿閻象進曰：『昔周自后稷至于文王，積德累功，三分天下有其二，猶服事殷。明公雖奕世克昌，未若有周之盛，漢室雖微，未若殷紂之暴也。』術嘿然不悦。用河内張炯之符命，遂僭號。以九江太守爲淮南尹。置公卿，祠南北郊。荒侈滋甚，後宫數百皆服綺縠，餘粱肉，而士卒凍餒，江淮間空盡，人民相食。術前爲吕布所破，後爲太祖所敗，奔其部曲雷薄、陳蘭于灊山，復爲所拒，憂懼不知所出。將歸帝號於紹，欲至青州從袁譚，發病道死。妻子依術故吏廬江太守劉勳，孫策破勳，復見收視。術女入孫權宫，子燿拜郎中，燿女又配於權子奮。

劉表字景升，山陽高平人也。少知名，號八俊。長八尺餘，姿貌甚偉。以大將軍掾爲北軍中候。靈帝崩，代王叡爲荆州刺史。是時山東兵起，表亦合兵軍襄陽。袁術之在南陽也，與孫堅合從，欲襲奪表州，使堅攻表。堅爲流矢所中死，軍敗，術遂不能勝表。李傕、郭汜入長安，欲連表爲援，乃以表爲鎮南將軍、荆州牧，封成武侯，假節。天子都許，表雖遣使貢獻，然北與袁紹相結。治中鄧羲諫表，表不聽，羲辭疾而退，終表之世。張濟引兵入荆州界，攻穰城，爲流矢所中死。荆州官屬皆賀，表

曰：『濟以窮來，主人無禮，至于交鋒，此非牧意，牧受吊，不受賀也。』使人納其衆；衆聞之喜，遂服從。長沙太守張羨叛表，表圍之連年不下。羨病死，長沙復立其子懌，表遂攻并懌，南收零、桂，北據漢川，地方數千里，帶甲十餘萬。

太祖與袁紹方相持于官渡，紹遣人求助，表許之而不至，亦不佐太祖，欲保江漢間，觀天下變。從事中郎韓嵩、別駕劉先說表曰：『豪傑並爭，兩雄相持，天下之重，在於將軍。將軍若欲有爲，起乘其弊可也；若不然，固將擇所從。將軍擁十萬之衆，安坐而觀望。夫見賢而不能助，請和而不得，此兩怨必集於將軍，將軍不得中立矣。夫以曹公之明哲，天下賢俊皆歸之，其勢必舉袁紹，然後稱兵以向江漢，恐將軍不能禦也。故爲將軍計者，不若舉州以附曹公，曹公必重德將軍；長享福祚，垂之後嗣，此萬全之策也。』表大將蒯越亦勸表，表狐疑，乃遣嵩詣太祖以觀虛實。嵩還，深陳太祖威德，說表遣子入質。表疑嵩反爲太祖說，大怒，欲殺嵩，考殺隨嵩行者，知嵩無他意，乃止。表雖外貌儒雅，而心多疑忌，皆此類也。

劉備奔表，表厚待之，然不能用。建安十三年，太祖征表，未至，表病死。

初，表及妻愛少子琮，欲以爲後，而蔡瑁、張允爲之支黨，乃出長子琦爲江夏太守，衆遂奉琮爲嗣。琦與琮遂爲讎隙。越、嵩及東曹掾傅巽等說琮歸太祖，琮曰：『今與諸君據全楚之地，守先君之業，以觀天下，何爲不可乎？』巽對曰：『逆順有大體，强弱有定勢。以人臣而拒人主，逆也；以新造之楚而禦國家，其勢弗當也；以劉備而敵曹公，又弗當也。三者皆短，欲以抗王兵之鋒，必亡之道也。將軍自料何與劉備？』琮曰：『吾不若也。』巽曰：『誠以劉備不足禦曹公乎，則雖保楚之地，不足以自存也；誠以劉備足禦曹公乎，則備不爲將軍下也。願將軍勿疑。』太祖軍到襄陽，琮舉州降。備走奔夏口。

太祖以琮爲青州刺史、封列侯。蒯越等侯者十五人。越爲光祿勳；嵩，大鴻臚；羲，侍中；先，尚書令；其餘多至大官。

評曰：董卓狼戾賊忍，暴虐不仁，自書契已來，殆未之有也。袁術奢淫放肆，榮不終己，自取之也。袁紹、劉表，咸有威容、器觀，知名當世。表跨蹈漢南，紹鷹揚河朔，然皆外寬內忌，好謀無決，有才而不能用，聞善而不能納，廢嫡立庶，舍禮崇愛，至于後嗣顛蹷，社稷傾覆，非不幸也。昔項羽背范增之謀，以喪其王業；紹之殺田豐，乃甚於羽遠矣！

三國志卷七

魏書七

呂布臧洪傳第七

呂布字奉先，五原郡九原人也。以驍武給并州。刺史丁原爲騎都尉，屯河內，以布爲主簿，大見親待。靈帝崩，原將兵詣洛陽。與何進謀誅諸黄門，拜執金吾。進敗，董卓入京都，將爲亂，欲殺原，并其兵衆。卓以布見信于原，誘布令殺原。布斬原首詣卓，卓以布爲騎都尉，甚愛信之，誓爲父子。

布便弓馬，膂力過人，號爲飛將。稍遷至中郎將，封都亭侯。卓自以遇人無禮，恐人謀己，行止常以布自衛。然卓性剛而褊，忿不思難，嘗小失意，拔手戟擲布。布拳捷避之，爲卓顧謝，卓意亦解。由是陰怨卓。卓常使布守中閤，布與卓侍婢私通，恐事發覺，心不自安。

先是，司徒王允以布州里壯健，厚接納之。後布詣允，陳卓幾見殺狀。時允與僕射士孫瑞密謀誅卓，是以告布使爲內應。布曰：『奈如父子何？』允曰：『君自姓呂，本非骨肉。今憂死不暇，何謂父子？』布遂許之，手刃刺卓。語在《卓傳》。允以布爲奮武將軍，假節，儀比三司，進封溫侯，共秉朝政。布自殺卓後，畏惡涼州人，涼州人皆怨。由是李傕等遂相結還攻長安城。布不能拒，傕等遂入長安。卓死後六旬，布亦敗。將數百騎出武關，欲詣袁術。

布自以殺卓爲術報讎，欲以德之。術惡其反覆，拒而不受。北詣袁紹，紹與布擊張燕于常山。燕精兵萬餘，騎數千。布有良馬曰赤兔。常與其親近成廉、魏越等陷鋒突陳，遂破燕軍。而求益兵衆，

將士鈔掠，紹患忌之。布覺其意，從紹求去。紹恐還爲己害，遣壯士夜掩殺布，不獲。事露，布走河內，與張楊合。紹令衆追之，皆畏布，莫敢逼近者。

張邈字孟卓，東平壽張人也。少以俠聞，振窮救急，傾家無愛，士多歸之。太祖、袁紹皆與邈友。辟公府，以高第拜騎都尉，遷陳留太守。董卓之亂，太祖與邈首舉義兵。汴水之戰，邈遣衛茲將兵隨太祖。袁紹既爲盟主，有驕矜色，邈正議責紹。紹使太祖殺邈，太祖不聽，責紹曰：『孟卓，親友也，是非當容之。今天下未定，不宜自相危也。』邈知之，益德太祖。太祖之征陶謙，敕家曰：『我若不還，往依孟卓。』後還，見邈，垂泣相對。其親如此。

呂布之捨袁紹從張楊也，過邈臨別，把手共誓。紹聞之，大恨。邈畏太祖終爲紹擊己也，心不自安。興平元年，太祖復征謙，邈弟超，與太祖將陳宮、從事中郎許汜、王楷共謀叛太祖。宮說邈曰：『今雄傑並起，天下分崩，君以千里之衆，當四戰之地，撫劍顧眄，亦足以爲人豪，而反制于人，不以鄙乎！今州軍東征，其處空虛，呂布壯士，善戰無前，若權迎之，共牧兗州，觀天下形勢，俟時事之變通，此亦縱橫之一時也。』邈從之。太祖初使宮將兵留屯東郡，遂以其衆東迎布爲兗州牧，據濮陽。郡縣皆應，唯鄄城、東阿、范爲太祖守。太祖引軍還，與布戰於濮陽，太祖軍不利，相持百餘日。是時歲旱、蟲蝗、少穀，百姓相食，布東屯山陽。二年間，太祖乃盡復收諸城，擊破布于鉅野。布東奔劉備。邈從布，留超將家屬屯雍丘。太祖攻圍數月，屠之，斬超及其家。邈詣袁術請救未至，自爲其兵所殺。

備東擊術，布襲取下邳，備還歸布。布遣備屯小沛。布自稱徐州刺史。術遣將紀靈等步騎三萬攻備，備求救于布。布諸將謂布曰：『將軍常欲殺備，今可假手於術。』布曰：『不然。術若破備，則北連太山諸將，吾爲在術圍中，不得不救也。』便嚴步兵千、騎二百，馳往赴備。靈等聞布至，皆斂兵不敢復攻。布於沛西南一里安屯，遣鈴下請靈等，靈等亦請布共飲食。布謂靈等曰：『玄德，布弟也。弟爲諸君所困，故來救之。布性不喜合鬬，但喜解鬬耳。』布令門候于營門中舉一隻戟，布言：『諸君觀布射戟小支，一發中者諸君當解去，不中可留決鬬。』布舉弓射戟，正中小支。諸將皆驚，言『將軍天威也』！明日復歡會，然後各罷。

術欲結布爲援，乃爲子索布女，布許之。術遣使韓胤以僭號議告布，并求迎婦。沛相陳珪恐術、布成婚，則徐、揚合從，將爲國難，於是往説布曰：『曹公奉迎天子，輔贊國政，威靈命世，將征四海，將軍宜與協同策謀，圖太山之安。今與術結婚，受天下不義之名，必有累卵之危。』布亦怨術初不己受也，女已在塗，追還絶婚，械送韓胤，梟首許市。珪欲使子登詣太祖，布不肯遣。會使者至，拜布左將軍。布大喜，即聽登往，并令奉章謝恩。登見太祖，因陳布勇而無計，輕於去就，宜早圖之。太祖曰：『布，狼子野心，誠難久養，非卿莫能究其情也。』即增珪秩中二千石，拜登廣陵太守。臨别，太祖執登手曰：『東方之事，便以相付。』令登陰合部衆以爲内應。

始，布因登求徐州牧，登還，布怒，拔戟斫几曰：『卿父勸吾協同曹公，絶婚公路；今吾所求無一獲，而卿父子並顯重，爲卿所賣耳！卿爲吾言，其説云何？』登不爲動容，徐喻之曰：『登見曹公言：「待將軍譬如養虎，當飽其肉，不飽則將噬人。」公曰：「不如卿言也。譬如養鷹，飢則爲用，飽則揚去。」其言如此。』布意乃解。

術怒，與韓暹、楊奉等連勢，遣大將張勳攻布。布謂珪曰：『今致術軍，卿之由也，爲之奈何？』珪曰：『暹、奉與術，卒合之軍耳，策謀不素定，不能相維持，子登策之，比之連鷄，勢不俱棲，可解離也。』布用珪策，遣人説暹、奉，使與己并力共擊術軍，軍資所有，悉許暹、奉。於是暹、奉從之，勳大破敗。

建安三年，布復叛爲術，遣高順攻劉備於沛，破之。太祖遣夏侯惇救備，爲順所敗。太祖自征布，至其城下，遺布書，爲陳禍福。布欲降，陳宫等自以負罪深，沮其計。布遣人求救于術，自將千餘騎出戰，敗走，還保城，不敢出。術亦不能救。布雖驍猛，然無謀而多猜忌，不能制御其黨，但信諸將。諸將各異意自疑，故每戰多敗。太祖塹圍之三月，上下離心，其將侯成、宋憲、魏續縛陳宫，將其衆降。布與其麾下登白門樓。兵圍急，乃下降。遂生縛布，布曰：『縛太急，小緩之。』太祖曰：『縛虎不得不急也。』布請曰：『明公所患不過於布，今已服矣，天下不足憂。明公將步，令布將騎，則天下不足定也。』太祖有疑色。劉備進曰：『明公不見布之事丁建陽及董太師乎！』太祖頷之。布目指備曰：『是兒最叵信者。』於是縊殺布。布與宫、順等皆梟首送許，然後葬之。

太祖之禽宫也，問宫欲活老母及女不，宫對曰：『宫聞孝治天下者不絶人之親，仁施四海者不乏人之祀，老母在公，不在宫也。』太祖召養其母終其身，嫁其女。

陳登者，字元龍，在廣陵有威名。又掎角吕布有功，加伏波將軍，年三十九卒。後許汜與劉備並在荆州牧劉表坐，表與備共論天下人，汜曰：『陳元龍湖海之士，豪氣不除。』備謂表曰：『許君論是非？』表曰：『欲言非，此君爲善士，不宜虛言；欲言是，元龍名重天下。』備問汜：『君言豪，寧有事邪？』汜曰：『昔遭亂過下邳，見元龍。元龍無客主之意，久不相與語，自上大床卧，使客卧下床。』備曰：『君有國士之名，今天下大亂，帝主失所，望君憂國忘家，有救世之意，而君求田問舍，言無可采，是元龍所諱也，何緣當與君語？如小人，欲卧百尺樓上，卧君於地，何但上下床之間邪？』表大笑。備因言曰：『若元龍文武膽志，當求之於古耳，造次難得比也。』

臧洪字子源，廣陵射陽人也。父旻，歷匈奴中郎將、中山、太原太守，所在有名。洪體貌魁梧，有異於人，舉孝廉爲郎。時選三署郎以補縣長；瑯邪趙昱爲莒長，東萊劉繇下邑長，東海王朗菑丘長，洪即丘長。靈帝末，棄官還家，太守張超請洪爲功曹。

董卓殺帝，圖危社稷，洪説超曰：『明府歷世受恩，兄弟並據大郡，今王室將危，賊臣未梟，此誠天下義烈報恩效命之秋也。今郡境尚全，吏民殷富，若動枹鼓，可得二萬人，以此誅除國賊，爲天下倡先，義之大者也。』超然其言，與洪西至陳留，見兄邈計事。邈亦素有心，會于酸棗，邈謂超曰：『聞弟爲郡守，政教威恩，不由己出，動任臧洪，洪者何人？』超曰：『洪才略智數優超，超甚愛之，海内奇士也。』邈即引見洪，與語大異之。致之于劉兗州公山、孔豫州公緒，皆與洪親善。乃設壇場，方共盟誓，諸州郡更相讓，莫敢當，咸共推洪。洪乃升壇操槃歃血而盟曰：『漢室不幸，皇綱失統，賊臣董卓乘釁縱害，禍加至尊，虐流百姓，大懼淪喪社稷，翦覆四海。兗州刺史岱、豫州刺史伷、陳留太守邈、東郡太守瑁、廣陵太守超等，糾合義兵，並赴國難。凡我同盟，齊心戮力，以致臣節，殞首喪元，必無二志。有渝此盟，俾墜其命，無克遺育。皇天后土，祖宗明靈，實皆鑒之！』洪辭氣慷慨，涕泣横下，聞其言者，雖卒伍厮養，莫不激揚，人思致節。頃之，諸軍莫適先進，而食盡衆散。

超遣洪詣大司馬劉虞謀，值公孫瓚之難，至河間，遇幽、冀二州交兵，使命不達。而袁紹見洪，又奇重之，與結分合好。會青州刺史焦和卒，紹使洪領青州以撫其衆。洪在州二年，群盗奔走。紹嘆其能，徙爲東郡太守，治東武陽。

太祖圍張超于雍丘，超言：『唯恃臧洪，當來救吾。』衆人以爲袁、曹方睦，而洪爲紹所表用，必不敗好招禍，遠來赴此。超曰：『子源，天下義士，終不背本者，但恐見禁制，不相及逮耳。』洪聞之，果徒跣號泣，並勒所領兵，又從紹請兵馬，求欲救超，而紹終不聽許。超遂族滅。洪由是怨紹，絶不與通。紹興兵圍之，歷年不下。紹令洪邑人陳琳書與洪，喻以禍福，責以恩義。洪答曰：

隔阔相思，发于寤寐。幸相去步武之间耳，而以趣舍異规，不得相见，其为怆悢，可为心哉！前日不遺，比辱雅贶，述叙祸福，公私切至。所以不即奉答者，既学薄才钝，不足塞诘；亦以吾子携负侧室，息肩主人，家在东州，仆为仇敌。以是事人，虽披中情，堕肝胆，犹身疏有罪，言甘见怪，方首尾不救，何能恤人？且以子之才，穷该典籍，岂将闇于大道，不达馀趣哉！然犹复云云者，仆以是知足下之言，信不由衷，将以救祸也。必欲算计长短，辩谘是非，是非之论，言满天下，陈之更

不明，不言无所损。又言伤告绝之义，非吾所忍行也，是以捐棄纸笔，一无所答。亦冀遥忖其心，知其计定，不复渝变也。重获来命，援引古今，纷纭六纸，虽欲不言，焉得已哉！

仆小人也，本因行役，寇窃大州，恩深分厚，宁乐今日自还接刃！每登城勒兵，望主人之旗鼓，感故友之周旋，抚弦搦矢，不觉流涕之覆面也。何者？自以辅佐主人，无以为悔。主人相接，过绝等伦。当受任之初，自谓究竟大事，共尊王室。岂悟天子不悦，本州见侵，郡将遘牖里之厄，陈留克创兵之谋，谋计棲迟，丧忠孝之名，杖策携背，亏交友之分。揆此二者，与其不得已，丧忠孝之名与亏交友之道，轻重殊涂，亲疏異画，故便收淚告绝。若使主人少垂故人，住者侧席，去者克己，不汲汲于离友，信刑戮以自辅，则仆抗季札之志，不为今日之战矣。何以效之？昔张景明亲登坛喢血，奉辞奔走，卒使韩牧让印，主人得地；然后但以拜章朝主，赐爵获传之故，旋时之间，不蒙观过之贷，而受夷灭之祸。吕奉先讨卓来奔，请兵不获，告去何罪？复见斫刺，滨于死亡。刘子璜奉使逾时，辞不获命，畏威怀亲，以诈求归，可谓有志忠孝，无损霸道者也；然辄僵毙麾下，不蒙亏除。仆虽不敏，又素不能原始见终，睹微知著，窃度主人之心，岂谓三子宜死，罚当刑中哉？实且欲一统山东，增兵讨雠，惧战士狐疑，无以沮劝，故抑废王命以崇承制，慕义者蒙荣，待放者被戮，此乃主人之利，非游士之愿也。故仆鉴戒前人，困穷死战。仆虽下愚，亦尝闻君子之言矣。此实非吾心也，乃主人招焉。凡吾所以背弃国民，用命此城者，正以君子之违，不适敌国故也。是以获罪主人，见攻逾时，而足下更引此义以为吾规，无乃辞同趋異，非君子所为休戚者哉！

吾闻之也，义不背亲，忠不违君，故东宗本州以为亲援，中扶郡将以安社稷，一举二得以徼忠孝，何以为非？而足下欲吾轻本破家，均君主人。主人之於我也，年为吾兄，分为笃友，道乖告去，以安君亲，可谓顺矣。若子之言，则包胥宜致命於伍员，不当号哭於秦庭矣。苟区区於攘患，不知言乖乎道理矣。足下或者见城围不解，救兵未至，感婚姻之义，惟平生之好，以屈节而苟生，胜守义而倾覆也。昔晏婴不降志於白刃，南史不曲笔以求生，故身著图象，名垂后世，况仆据金城之固，驱士民之力，散三年之畜，以为一年之资，匡困补乏，以悦天下，何图筑室反耕哉！但惧秋风扬尘，伯珪马首南向，张杨、飞燕，膂力作难，北鄙将告倒县之急，股肱奏乞归之诚耳。主人当鉴我曹辈，反旌退师，治兵鄄垣，何宜久辱盛怒，暴威於吾城下哉？足下讥吾恃黑山以为救，独不念黄巾之合从邪！加飞燕之属悉以受王命矣。昔高祖取彭越于钜野，光武创基兆于绿林，卒能龙飞中兴，以成帝业，苟可辅主兴化，夫何嫌哉！况仆亲奉玺书，与之从事。

行矣孔璋！足下徼利於境外，臧洪授命於君亲；吾子托身於盟主，臧洪策名於长安。子谓余身死而名灭，仆亦笑子生死而无闻焉，悲哉！本同而末离，努力努力，夫复何言！

紹見洪書，知無降意，增兵急攻。城中糧穀以盡，外無强救，洪自度必不免，呼吏士謂曰：『袁氏無道，所圖不軌，且不救洪郡將。洪於大義，不得不死，念諸君無事空與此禍，可先城未敗，將妻子出。』將吏士民皆垂泣曰：『明府與袁氏本無怨隙，念爲本朝郡將之故，自致殘困，吏民何忍當捨明府去也！』初尚掘鼠煮筋角，後無可復食者。主簿啓内厨米三斗，請中分稍以爲糜粥，洪嘆曰：

『獨食此何爲！』使作薄粥，衆分歠之，殺其愛妾以食將士。將士咸流涕，無能仰視者。男女七八千人相枕而死，莫有離叛。

城陷，紹生執洪。紹素親洪，盛施幃幔，大會諸將見洪，謂曰：『臧洪，何相負若此！今日服未？』洪據地瞋目曰：『諸袁事漢，四世五公，可謂受恩。今王室衰弱，無扶翼之意，欲因際會，希冀非望，多殺忠良以立奸威。洪親見呼張陳留爲兄，則洪府君亦宜爲弟，同共戮力，爲國除害，何爲擁衆觀人屠滅！惜洪力劣，不能推刃爲天下報仇，何謂服乎！』紹本愛洪，意欲令屈服，原之；見洪辭切，知終不爲己用，乃殺之。洪邑人陳容少爲書生，親慕洪，隨洪爲東郡丞；城未敗，洪遣出。紹令在坐，見洪當死，起謂紹曰：『將軍舉大事，欲爲天下除暴，而專先誅忠義，豈合天意！臧洪發舉爲郡將，奈何殺之！』紹慚，左右使人牽出，謂曰：『汝非臧洪儔，空復爾爲！』容顧曰：『夫仁義豈有常，蹈之則君子，背之則小人。今日寧與臧洪同日而死，不與將軍同日而生！』復見殺。在紹坐者無不嘆息，竊相謂曰：『如何一日殺二烈士！』先是，洪遣司馬二人出，求救于呂布；比還，城已陷，皆赴敵死。

評曰：呂布有虓虎之勇，而無英奇之略，輕狡反覆，唯利是視。自古及今，未有若此不夷滅也。昔漢光武謬於龐萌，近魏太祖亦蔽于張邈。知人則哲，唯帝難之，信矣！陳登、臧洪並有雄氣壯節，登降年夙隕，功業未遂，洪以兵弱敵强，烈志不立，惜哉！

魏書八

二公孫陶四張傳第八

公孫瓚字伯珪，遼西令支人也。爲郡門下書佐。有姿儀，大音聲，侯太守器之，以女妻焉，遣詣涿郡盧植讀經。後復爲郡吏。劉太守坐事徵詣廷尉，瓚爲御車，身執徒養。及劉徙日南，瓚具米肉，於北芒上祭先人，舉觴祝曰：『昔爲人子，今爲人臣，當詣日南。日南瘴氣，或恐不還，與先人辭於此。』再拜慷慨而起，時見者莫不歔欷。劉道得赦還。瓚以孝廉爲郎，除遼東屬國長史。嘗從數十騎出行塞，見鮮卑數百騎，瓚乃退入空亭中，約其從騎曰：『今不衝之，則死盡矣。』瓚乃自持矛，兩頭施刃，馳出刺胡，殺傷數十人，亦亡其從騎半，遂得免。鮮卑懲艾，後不敢復入塞。遷爲涿令。光和中，凉州賊起，發幽州突騎三千人，假瓚都督行事傳，使將之。軍到薊中，漁陽張純誘遼西烏丸丘力居等叛，劫略薊中，自號將軍，略吏民攻右北平、遼西屬國諸城，所至殘破。瓚將所領，追討純等有功，遷騎都尉。屬國烏丸貪至王率種人詣瓚降。遷中郎將，封都亭侯，進屯屬國，與胡相攻擊五六年。丘力居等鈔略青、徐、幽、冀，四州被其害，瓚不能禦。

朝議以宗正東海劉伯安既有德義，昔爲幽州刺史，恩信流著，戎狄附之，若使鎮撫，可不勞衆而定，乃以劉虞爲幽州牧。虞到，遣使至胡中，告以利害，責使送純首。丘力居等聞虞至，喜，各遣譯自歸。瓚害虞有功，乃陰使人徼殺胡使。胡知其情，間行詣虞。虞上罷諸屯兵，但留瓚將步騎萬人屯右北平。純乃棄妻子，逃入鮮卑，爲其客王政所殺，送首詣虞。封政爲列侯。虞以功即拜太尉，封襄賁侯。會董卓至洛陽，遷虞大司馬，瓚奮武將軍，封薊侯。

關東義兵起，卓遂劫帝西遷，徵虞爲太傅，道路隔塞，信命不得至。袁紹、韓馥議，以爲少帝制於奸臣，天下無所歸心。虞，宗室知名，民之望也，遂推虞爲帝。遣使詣虞，虞終不肯受。紹等復勸虞領尚書事，承制封拜，虞又不聽，然猶與紹等連和。虞子和爲侍中，在長安。天子思東歸，使和僞逃卓，潛出武關詣虞，令將兵來迎。和道經袁術，爲説天子意。術利虞爲援，留和不遣，許兵至俱西，令和爲書與虞。虞得和書，乃遣數千騎詣和。瓚知術有異志，不欲遣兵，止虞，虞不可。瓚懼術聞而怨之，亦遣其從弟越將千騎詣術以自結，而陰教術執和，奪其兵。由是虞、瓚益有隙。和逃術來北，復爲紹所留。

是時，術遣孫堅屯陽城拒卓，紹使周昂奪其處。術遣越與堅攻昂，不勝，越爲流矢所中死。瓚怒曰：『余弟死，禍起于紹。』遂出軍屯磐河，將以報紹。紹懼，以所佩勃海太守印綬授瓚從弟範，遣之郡，欲以結援。範遂以勃海兵助瓚，破青、徐黄巾，兵益盛，進軍界橋。以嚴綱爲冀州，田楷爲青州，單經爲兗州，置諸郡縣。紹軍廣川，令將麴義先登與瓚戰，生禽綱。瓚軍敗走勃海，與範俱還薊，於大城東南築小城，與虞相近，稍相恨望。

虞懼瓚爲變，遂舉兵襲瓚。虞爲瓚所敗，出奔居庸。瓚攻拔居庸，生獲虞，執虞還薊。會卓死，天子遣使者段訓增虞邑，督六州；瓚遷前將軍，封易侯。瓚誣虞欲稱尊號，脅訓斬虞。瓚上訓爲幽

三國志

魏書　二公孫陶四張傳第八

州刺史。瓚遂驕矜，記過忘善，多所賊害。虞從事漁陽鮮于輔、齊周、騎都尉鮮于銀等，率州兵欲報瓚，以燕國閻柔素有恩信，共推柔爲烏丸司馬。柔招誘烏丸、鮮卑，得胡、漢數萬人，與瓚所置漁陽太守鄒丹戰于潞北，大破之，斬丹。袁紹又遣麴義及虞子和，將兵與輔合擊瓚。瓚軍數敗，乃走還易京固守。爲圍塹十重，於塹裏築京，皆高五六丈，爲樓其上；中塹爲京，特高十丈，自居焉，積穀三百萬斛。瓚曰：『昔謂天下事可指麾而定，今日視之，非我所決，不如休兵，力田畜穀。兵法，百樓不攻。今吾樓櫓千重，食盡此穀，足知天下之事矣。』欲以此弊紹。紹遣將攻之，連年不能拔。建安四年，紹悉軍圍之。瓚遣子求救于黑山賊，復欲自將突騎直出，傍西南山，擁黑山之衆，陸梁冀州，横斷紹後。長史關靖説瓚曰：『今將軍將士，皆已土崩瓦解，其所以能相守持者，顧戀其居處老小，以將軍爲主耳。將軍堅守曠日，袁紹要當自退；自退之後，四方之衆必復可合也。若將軍今舍之而去，軍無鎮重，易京之危，可立待也。將軍失本，孤在草野，何所成邪！』瓚遂止不出。救至，欲内外擊紹。遣人與子書，刻期兵至，舉火爲應。紹候者得其書，如期舉火。瓚以爲救兵至，遂出欲戰。紹設伏擊，大破之，復還守。紹爲地道，突壞其樓，稍至中京。瓚自知必敗，盡殺其妻子，乃自殺。

鮮于輔將其衆奉王命。以輔爲建忠將軍，督幽州六郡。太祖與袁紹相拒於官渡，閻柔遣使詣太祖受事，遷護烏丸校尉。而輔身詣太祖，拜左度遼將軍，封亭侯，遣還鎮撫本州。太祖破南皮，柔將部曲及鮮卑獻名馬以奉軍，從征三郡烏丸，以功封關内侯。輔亦率其衆從。文帝踐阼，拜輔虎牙將軍，柔度遼將軍，皆進封縣侯。位特進。

陶謙字恭祖，丹楊人。少好學，爲諸生，仕州郡，舉茂才，除盧令，遷幽州刺史，徵拜議郎，參車騎將軍張温軍事，西討韓遂。會徐州黄巾起，以謙爲徐州刺史，擊黄巾，破走之。董卓之亂，州郡起兵，天子都長安，四方斷絶，謙遣使閒行致貢獻，遷安東將軍、徐州牧，封溧陽侯。是時，徐州百姓殷盛，穀米豐贍，流民多歸之。而謙背道任情：廣陵太守琅邪趙昱，徐方名士也，以忠直見疏；曹宏等，讒慝小人也，謙親任之。刑政失和，良善多被其害，由是漸亂。下邳闕宣自稱天子，謙初與合從寇鈔，後遂殺宣，并其衆。

初平四年，太祖征謙，攻拔十餘城，至彭城大戰。謙兵敗走，死者萬數，泗水爲之不流。謙退守郯。太祖以糧少引軍還。興平元年，復東征，略定琅邪、東海諸縣。謙恐，欲走歸丹楊。會張邈叛迎呂布，太祖還擊布。是歲，謙病死。

張楊字稚叔，雲中人也。以武勇給并州，爲武猛從事。靈帝末，天下亂，帝以所寵小黄門蹇碩爲西園上軍校尉，軍京都，欲以御四方，徵天下豪傑以爲偏裨。太祖及袁紹等皆爲校尉，屬之。并州刺史丁原遣楊將兵詣碩，爲假司馬。靈帝崩，碩爲何進所殺。楊復爲進所遣，歸本州募兵，得千餘人，因留上黨，擊山賊。進敗，董卓作亂。楊遂以所將攻上黨太守于壺關，不下，略諸縣，衆至數千人。山東兵起，欲誅卓。袁紹至河内，楊與紹合，復與匈奴單于於夫羅屯漳水。單于欲叛，紹、楊不從。單于執楊與俱去，紹使將麴義追擊於鄴南，破之。單于執楊至黎陽，攻破度遼將軍耿祉軍，衆復振。卓以楊爲建義將軍、河内太守。天子之在河東，楊將兵至安邑，拜安國將軍，封晉陽侯。楊欲迎天子還

洛，諸將不聽；楊還野王。建安元年，楊奉、董承、韓暹挾天子還舊京，糧乏。楊以糧迎道路，遂至洛陽。謂諸將曰：『天子當與天下共之，幸有公卿大臣，楊當捍外難，何事京都？』遂還野王。即拜爲大司馬。楊素與呂布善。太祖之圍布，楊欲救之，不能。乃出兵東市，遙爲之勢。其將楊醜，殺楊以應太祖。楊將眭固殺醜，將其衆，欲北合袁紹。太祖遣史渙邀擊，破之於犬城，斬固，盡收其衆也。

公孫度字升濟，本遼東襄平人也。度父延，避吏居玄菟，任度爲郡吏。時玄菟太守公孫琙，子豹，年十八歲，早死。度少時名豹，又與琙子同年，琙見而親愛之，遣就師學，爲取妻。後舉有道，除尚書郎，稍遷冀州刺史，以謠言免。同郡徐榮爲董卓中郎將，薦度爲遼東太守。度起玄菟小吏，爲遼東郡所輕。先時，屬國公孫昭守襄平令，召度子康爲伍長。度到官，收昭，笞殺于襄平市。郡中名豪大姓田韶等宿遇無恩，皆以法誅，所夷滅百餘家，郡中震慄。東伐高句驪，西擊烏丸，威行海外。初平元年，度知中國擾攘，語所親吏柳毅、陽儀等曰：『漢祚將絶，當與諸卿圖王耳。』時襄平延里社生大石，長丈餘，下有三小石爲之足。或謂度曰：『此漢宣帝冠石之祥，而里名與先君同。社主土地，明當有土地，而三公爲輔也。』度益喜。故河內太守李敏，郡中知名，惡度所爲，恐爲所害，乃將家屬入于海。度大怒，掘其父冢，剖棺焚尸，誅其宗族。分遼東郡爲遼西中遼郡，置太守。越海收東萊諸縣，置營州刺史。自立爲遼東侯、平州牧，追封父延爲建義侯。立漢二祖廟，承制設壇墠於襄平城南，郊祀天地，藉田，治兵，乘鸞路，九旒，旄頭羽騎。太祖表度爲武威將軍，封永寧鄉侯，度曰：『我王遼東，何永寧也！』藏印綬武庫。度死，子康嗣位，以永寧鄉侯封弟恭。是歲建安九年也。

十二年，太祖征三郡烏丸，屠柳城。袁尚等奔遼東，康斬送尚首。語在《武紀》。封康襄平侯，拜左將軍。康死，子晃、淵等皆小，衆立恭爲遼東太守。文帝踐阼，遣使即拜恭爲車騎將軍、假節，封平郭侯；追贈康大司馬。

初，恭病陰消爲閹人，劣弱不能治國。太和二年，淵脅奪恭位。明帝即拜淵揚烈將軍、遼東太守。淵遣使南通孫權，往來賂遺。權遣使張彌、許晏等，齎金玉珍寶，立淵爲燕王。淵亦恐權遠不可恃，且貪貨物，誘致其使，悉斬送彌、晏等首，明帝於是拜淵大司馬，封樂浪公，持節，領郡如故。使者至，淵設甲兵爲軍陳，出見使者，又數對國中賓客出惡言。景初元年，乃遣幽州刺史毌丘儉等齎璽書徵淵。淵遂發兵，逆於遼隧，與儉等戰。儉等不利而還。淵遂自立爲燕王，置百官有司。遣使者持節，假鮮卑單于璽，封拜邊民，誘呼鮮卑，侵擾北方。二年春，遣太尉司馬宣王征淵。六月，軍至遼東。淵遣將軍卑衍、楊祚等步騎數萬屯遼隧，圍塹二十餘里。宣王軍至，令衍逆戰。宣王遣將軍胡遵等擊破之。宣王令軍穿圍，引兵東南向，而急東北，即趨襄平。衍等恐襄平無守，夜走。諸軍進至首山，淵復遣衍等迎軍殊死戰。復擊，大破之，遂進軍造城下，爲圍塹。會霖雨三十餘日，遼水暴長，運船自遼口徑至城下。雨霽，起土山、脩櫓，爲發石連弩射城中。淵窘急。糧盡，人相食，死者甚多。將軍楊祚等降。八月丙寅夜，大流星長數十丈，從首山東北墜襄平城東南。壬午，淵衆潰，與其子脩將數百騎突圍東南走，大兵急擊之，當流星所墜處，斬淵父子。城破，斬相國以下首級以千數，傳淵首洛陽，遼東、帶方、樂浪、玄菟悉平。

物，諸家數有怪，大冠幘捽衣上屋，炊有小兒蒸死甑中。襄平北市生肉，長圍各數尺，有頭目口喙，無手足而動搖。占曰：『有形不成，有體無聲，其國滅亡。』始度以中平六年據遼東，至淵三世，凡五十年而滅。

張燕，常山真定人也，本姓褚。黃巾起，燕合聚少年為群盜，在山澤間轉攻，還真定，衆萬餘人。博陵張牛角亦起衆，自號將兵從事，與燕合。燕推牛角為帥，俱攻癭陶。牛角為飛矢所中，被創且死，令衆奉燕，告曰：『必以燕為帥。』牛角死，衆奉燕，故改姓張。燕剽捍捷速過人，故軍中號曰飛燕。其後人衆寖廣，常山、趙郡、中山、上黨、河內諸山谷皆相通，其小帥孫輕、王當等，各以部衆從燕，衆至百萬，號曰黑山。靈帝不能征，河北諸郡被其害。燕遣人至京都乞降，拜燕平難中郎將。是後，董卓遷天子於長安，天下兵起，燕遂以其衆與豪傑相結。袁紹與公孫瓚爭冀州，燕遣將杜長等助瓚，與紹戰，為紹所敗，人衆稍散。太祖將定冀州，燕遣使求佐王師，拜平北將軍；率衆詣鄴，封安國亭侯，邑五百戶。燕薨，子方嗣。方薨，子融嗣。

張繡，武威祖厲人，驃騎將軍濟族子也。邊章、韓遂為亂涼州，金城麴勝襲殺祖厲長劉雋。繡為縣吏，間伺殺勝，郡內義之。遂招合少年，為邑中豪傑。董卓敗，濟與李傕等擊呂布，為卓報仇。語在《卓傳》。繡隨濟，以軍功稍遷至建忠將軍，封宣威侯。濟屯弘農，士卒飢餓，南攻穰，為流矢所中死。繡領其衆，屯宛，與劉表合。太祖南征，軍淯水，繡等舉衆降。太祖納濟妻，繡恨之。太祖聞其不悅，密有殺繡之計。計漏，繡掩襲太祖。太祖軍敗，二子沒。繡還保穰，太祖比年攻之，不克。太祖拒袁紹於官渡，繡從賈詡計，復以衆降。語在《詡傳》。繡至，太祖執其手，與歡宴，為子均取繡女，拜揚武將軍。官渡之役，繡力戰有功，遷破羌將軍。從破袁譚於南皮，復增邑凡二千戶。是時天下戶口減耗，十裁一在，諸將封未有滿千戶者，而繡特多。從征烏丸于柳城，未至，薨，謚曰定侯。子泉嗣，坐與魏諷謀反，誅，國除。

張魯字公祺，沛國豐人也。祖父陵，客蜀，學道鵠鳴山中，造作道書以惑百姓，從受道者出五斗米，故世號米賊。陵死，子衡行其道。衡死，魯復行之。益州牧劉焉以魯為督義司馬，與別部司馬張脩將兵擊漢中太守蘇固，魯遂襲脩殺之，奪其衆。焉死，子璋代立，以魯不順，盡殺魯母家室。魯遂據漢中，以鬼道教民，自號『師君』。其來學道者，初皆名『鬼卒』。受本道已信，號『祭酒』。各領部衆，多者為治頭大祭酒。皆教以誠信不欺詐，有病自首其過，大都與黃巾相似。諸祭酒皆作義舍，如今之亭傳。又置義米肉，縣於義舍，行路者量腹取足；若過多，鬼道輒病之。犯法者，三原，然後乃行刑。不置長吏，皆以祭酒為治，民夷便樂之。雄據巴、漢垂三十年。漢末，力不能征，遂就寵魯為鎮民中郎將，領漢寧太守，通貢獻而已。民有地中得玉印者，羣下欲尊魯為漢寧王。魯功曹巴西閻圃諫魯曰：『漢川之民，戶出十萬，財富土沃，四面險固；上匡天子，則為桓、文，次及竇融，不失富貴。今承制署置，勢足斬斷，不煩於王。願且不稱，勿為禍先。』魯從之。韓遂、馬超之亂，關西民從子午谷奔之者數萬家。

建安二十年，太祖乃自散關出武都征之，至陽平關。魯欲舉漢中降，其弟衛不肯，率衆數萬人拒關堅守。太祖攻破之，遂入蜀。魯聞陽平已陷，將稽顙，圃又曰：『今以迫往，功必輕；不如依杜濩赴朴胡相拒，然後委質，功必多。』於是乃奔南山入巴中。左右欲悉燒寶貨倉庫，魯曰：『本欲歸命國家，而意未達。今之走，避銳鋒，非有惡意。寶貨倉庫，國家之有。』遂封藏而去。太祖入南鄭，甚嘉之。又以魯本有善意，遣人慰喻。魯盡將家出，太祖逆拜魯鎮南將軍，待以客禮，封閬中侯，邑萬户。封魯五子及閻圃等皆爲列侯。爲子彭祖取魯女。魯薨，謚之曰原侯。子富嗣。

評曰：公孫瓚保京，坐待夷滅。度殘暴而不節，淵仍業以載凶，秖足覆其族也。陶謙昏亂而憂死，張楊授首於臣下，皆擁據州郡，曾匹夫之不若，固無可論者也。燕、繡、魯舍群盜，列功臣，去危亡，保宗祀，則於彼爲愈焉。

魏書九

諸夏侯曹傳第九

三國志

魏書 諸夏侯曹傳第九

正四

夏侯惇字元讓，沛國譙人，夏侯嬰之後也。年十四，從師學，人有辱其師者，惇殺之，由是以烈氣聞。太祖初起，惇常為裨將，從征伐。太祖行奮武將軍，以惇為司馬，別屯白馬，遷折衝校尉，領東郡太守。太祖征陶謙，留惇守濮陽。張邈叛迎呂布，太祖家在鄄城，惇輕軍往赴，適與布會，交戰。布退還，遂入濮陽，襲得惇軍輜重。遣將偽降，共執持惇，責以寶貨，惇軍中震恐。惇將韓浩乃勒兵屯惇營門，召軍吏諸將，皆案甲當部不得動，諸營乃定。遂詣惇所，叱持質者曰：「汝等凶逆，乃敢執劫大將軍，復欲望生邪！且吾受命討賊，寧能以一將軍之故，而縱汝乎？」因涕泣謂惇曰：「當奈國法何！」促召兵擊持質者。持質者惶遽叩頭，言：「我但欲乞資用去耳！」浩數責，皆斬殺之。惇既免，太祖聞之，謂浩曰：「卿此可為萬世法。」乃著令，自令已後有持質者，皆當並擊，勿顧質。由是劫質者遂絕。

太祖自徐州還，惇從征呂布，為流矢所中，傷左目。復領陳留、濟陰太守，加建武將軍，封高安

韓浩者，河內人。沛國史渙與浩俱以忠勇顯。渙字公劉，少任俠，有雄氣。太祖初起，以客從，行中軍校尉，從征伐，常監諸軍，及曹仁誅袁譚於南皮，渙以監軍之功，封列侯，至中領軍。浩至中護軍，置長史、司馬。渙有子曰韶，亦知名。

夏侯淵字妙才，惇族弟也。太祖居家，曾有縣官事，淵代引重罪，太祖營救之，得免。太祖起兵，以別部司馬、騎都尉從，遷陳留、潁川太守。及與袁紹戰於官渡，行督軍校尉。紹破，使督兗、豫、徐州軍糧；時軍食少，淵運輸相繼，軍以復振。昌豨反，遣于禁擊之，未拔，復遣淵與禁並力，遂擊豨。豨降。淵還，拜典軍校尉。濟南、樂安黃巾徐和、司馬俱等，攻城，殺長吏，淵將泰山、齊、平原諸郡兵擊，大破之，斬和首，平諸縣，收其糧穀以給軍士。十四年，以淵為行領軍。太祖征孫權還，使淵督諸將擊廬江叛者雷緒，緒破，又行征西護軍，督徐晃擊太原賊，攻下二十餘屯，斬賊帥商曜，屠其城。又與太祖會安定，降楊秋。

十六年，太祖征關中，以淵行護軍將軍，督朱靈、路招等屯長安，擊破南山賊劉雄，降其眾。圍安定，降楊秋。

圍遂、超餘黨梁興於鄠，拔之，斬興，封博昌亭侯。馬超圍涼州刺史韋康於冀，淵救康，未到，康敗。去冀二百餘里，超來逆戰，軍不利。汧氐反，淵引軍還。十九年，趙衢、尹奉等謀討超，姜叙起兵鹵城以應之。衢等譎説超，使出擊叙，於後盡殺超妻子。超奔漢中，還圍祁山。叙等急求救，諸將議者欲須太祖節度。淵曰：『公在鄴，反覆四千里，比報，叙等必敗，非救急也。』遂行，使張郃督步騎五千在前，從陳倉狹道入，淵自督糧在後。郃至渭水上，超將氐羌數千逆郃。未戰，超走，郃進軍收超軍器械。淵到，諸縣皆已降。韓遂在顯親，淵欲襲取之，遂走。淵收遂軍糧，追至略陽城，去遂二十餘里，諸將欲攻之，或言當攻興國氐。淵以爲遂兵精，興國城固，攻不可卒拔，不如擊長離諸羌。長離諸羌多在遂軍，必歸救其家。若捨羌獨守則孤，救長離則官兵得與野戰，可必虜也。淵乃留督將守輜重，輕兵步騎到長離，攻燒羌屯，斬獲甚衆。諸羌在遂軍者，各還種落。遂果救長離，與淵軍對陳。諸將見遂衆，惡之，欲結營作塹乃與戰。淵曰：『我轉鬬千里，今復作營塹，則士衆罷弊，不可久。賊雖衆，易與耳。』乃鼓之，大破遂軍，得其旌麾，還略陽，進軍圍興國。氐王千萬逃奔馬超，餘衆降。轉擊高平屠各，皆散走，收其糧穀牛馬。乃假淵節。

初，枹罕宋建因涼州亂，自號河首平漢王。太祖使淵帥諸將討建。淵至，圍枹罕，月餘拔之，斬建及所置丞相已下。淵別遣張郃等平河關，渡河入小湟中，河西諸羌盡降，隴右平。太祖下令曰：『宋建造爲亂逆三十餘年，淵一舉滅之，虎步關右，所向無前。仲尼有言：「吾與爾不如也。」』二十一年，增封三百户，并前八百户。還擊武都氐羌下辯，收氐穀十餘萬斛。太祖西征張魯，淵等將涼州諸將侯王已下，與太祖會休亭。太祖每引見羌、胡，以淵畏之。會魯降，漢中平，以淵行都護將軍，督張郃、徐晃等平巴郡。太祖還鄴，留淵守漢中，即拜淵征西將軍。二十三年，劉備軍陽平關，淵率諸將拒之，相守連年。二十四年正月，備夜燒圍鹿角。淵使張郃護東圍，自將輕兵護南圍。備挑郃戰，郃軍不利。淵分所將兵半助郃，爲備所襲，淵遂戰死。謚曰愍侯。

初，淵雖數戰勝，太祖常戒曰：『爲將當有怯弱時，不可但恃勇也。將當以勇爲本，行之以智計；但知任勇，一匹夫敵耳。』

淵妻，太祖内妹。長子衡，尚太祖弟海陽哀侯女，恩寵特隆。衡襲爵，轉封安寧亭侯。黄初中，賜中子霸，太和中，賜霸四弟，爵皆關内侯。霸，正始中爲討蜀護軍右將軍，進封博昌亭侯，素爲曹爽所厚。聞爽誅，自疑，亡入蜀。以淵舊勳赦霸子，徙樂浪郡。霸弟威，官至兖州刺史。威弟惠，樂安太守。惠弟和，河南尹。衡薨，子績嗣，爲虎賁中郎將。績薨，子褎嗣。

曹仁字子孝，太祖從弟也。少好弓馬弋獵。後豪傑並起，仁亦陰結少年，得千餘人，周旋淮、泗之間，遂從太祖爲別部司馬，行厲鋒校尉。太祖之破袁術，仁所斬獲頗多。從征徐州，仁常督騎，爲軍前鋒。別攻陶謙將吕由，破之，還與大軍合彭城，大破謙軍。從攻費、華、即墨、開陽，謙遣別將救諸縣，仁以騎擊破之。太祖征吕布，仁別攻句陽，拔之，生獲布將劉何。太祖平黄巾，迎天子都許，仁數有功，拜廣陽太守。太祖器其勇略，不使之郡，以議郎督騎。太祖征張繡，仁別徇旁縣，虜其男女三千餘人。太祖軍還，爲繡所追，軍不利，士卒喪氣，仁率厲將士甚奮，太祖壯之，遂破繡。

太祖與袁紹久相持於官渡，紹遣劉備徇㶏彊諸縣，多舉衆應之。自許以南，吏民不安，太祖以爲憂。仁曰：『南方以大軍方有目前急，其勢不能相救，劉備以强兵臨之，其背叛固宜也。備新將紹兵，未能得其用，擊之可破也。』太祖善其言，遂使將騎擊備，破走之，仁盡復收諸叛縣而還。紹遣別將韓荀鈔斷西道，仁擊荀於雞洛山，大破之。由是紹不敢復分兵出。復與史渙等鈔紹運車，燒其糧穀。

河北既定，從圍壺關。太祖令曰：『城拔，皆坑之。』連月不下。仁言於太祖曰：『圍城必示之活門，所以開其生路也。今公告之必死，將人自爲守。且城固而糧多，攻之則士卒傷，守之則引日久；今頓兵堅城之下，以攻必死之虜，非良計也。』太祖從之，城降。於是録仁前後功，封都亭侯。

從平荆州，以仁行征南將軍，留屯江陵，拒吳將周瑜。瑜將數萬衆來攻，前鋒數千人始至，仁登城望之，乃募得三百人，遣部曲將牛金逆與挑戰。賊多，金衆少，遂爲所圍。長史陳矯俱在城上，望見金等垂没，左右皆失色。仁意氣奮怒甚，謂左右取馬來，矯等共援持之。謂仁曰：『賊衆盛，不可當也。假使棄數百人何苦，而將軍以身赴之！』仁不應，遂被甲上馬，將其麾下壯士數十騎出城。去賊百餘步，迫溝，矯等以爲仁當住溝上，爲金形勢也，仁徑渡溝直前，衝入賊圍，金等乃得解。餘衆未盡出，仁復直還突之，拔出金兵，亡其數人，賊衆乃退。矯等初見仁出，皆懼，及見仁還，乃嘆曰：『將軍真天人也！』三軍服其勇。太祖益壯之，轉封安平亭侯。

太祖討馬超，以仁行安西將軍，督諸將拒潼關，破超渭南。蘇伯、田銀反，以仁行驍騎將軍，都督七軍討銀等，破之。復以仁行征南將軍，假節，屯樊，鎮荆州。侯音以宛叛，略傍縣衆數千人，仁率諸軍攻破音，斬其首，還屯樊，即拜征南將軍。關羽攻樊，時漢水暴溢，于禁等七軍皆没，禁降羽。仁人馬數千人守城，城不没者數板。羽乘船臨城，圍數重，外内斷絶，糧食欲盡，救兵不至。仁激厲將士，示以必死，將士感之皆無二。徐晃救至，水亦稍減，晃從外擊羽，仁得潰圍出，羽退走。

仁少時不脩行檢，及長爲將，嚴整奉法令，常置科於左右，案以從事。鄢陵侯彰北征烏丸，文帝在東宮，爲書戒彰曰：『爲將奉法，不當如征南邪！』及即王位，拜仁車騎將軍，都督荆、揚、益州諸軍事，進封陳侯，增邑二千，并前三千五百户。追賜仁父熾謚曰陳穆侯，置守冢十家。後召還屯宛。孫權遣將陳邵據襄陽，詔仁討之。仁與徐晃攻破邵，遂入襄陽，使將軍高遷等徙漢南附化民於漢北，文帝遣使即拜仁大將軍。又詔仁移屯臨潁，遷大司馬，復督諸軍據烏江，還屯合肥。黄初四年薨，謚曰忠侯。子泰嗣，官至鎮東將軍，假節，轉封甯陵侯。泰薨，子初嗣。又分封泰弟楷、範，皆爲列侯，而牛金官至後將軍。

仁弟純，初以議郎參司空軍事，督虎豹騎從圍南皮。袁譚出戰，士卒多死。太祖欲緩之，純曰：『今千里蹈敵，進不能克，退必喪威；且縣師深入，難以持久。彼勝而驕，我敗而懼，以懼敵驕，必可克也。』太祖善其言，遂急攻之，譚敗。純麾下騎斬譚首。及北征三郡，純部騎獲單于蹋頓。以前後功封高陵亭侯，邑三百户。從征荆州，追劉備於長坂，獲其二女輜重，收其散卒。進降江陵，從還譙。建安十五年薨。文帝即位，追謚曰威侯。子演嗣，官至領軍將軍，正元中進封平樂鄉侯。演薨，

子亮嗣。

曹洪字子廉，太祖從弟也。太祖起義兵討董卓，至滎陽，爲卓將徐榮所敗。太祖失馬，賊追甚急，洪下，以馬授太祖，太祖辭讓，洪曰：『天下可無洪，不可無君。』遂步從到汴水，水深不得渡，洪循水得船，與太祖俱濟，還奔譙。揚州刺史陳温素與洪善，洪將家兵千餘人，就温募兵，得廬江上甲二千人，東到丹楊復得數千人，與太祖會龍亢。太祖征徐州，張邈舉兗州叛迎呂布。時大饑荒，洪將兵在前，先據東平、范，聚糧穀以繼軍。太祖討邈、布於濮陽，布破走，遂據東阿，轉擊濟陰、山陽、中牟、陽武、京、密十餘縣，皆拔之。以前後功拜鷹揚校尉，遷揚武中郎將。天子都許，拜洪諫議大夫。別征劉表，破表別將於舞陽、陰葉、堵陽、博望，有功，遷厲鋒將軍，封國明亭侯。累從征伐，拜都護將軍。文帝即位，爲衛將軍，遷驃騎將軍，進封野王侯，益邑千户，并前二千一百户，位特進；後徙封都陽侯。

始，洪家富而性吝嗇，文帝少時假求不稱，常恨之，遂以舍客犯法，下獄當死。群臣並救莫能得。卞太后謂郭后曰：『令曹洪今日死，吾明日敕帝廢后矣。』於是泣涕屢請，乃得免官削爵土。洪先帝功臣，時人多爲觖望。明帝即位，拜後將軍，更封樂城侯，邑千户，位特進，復拜驃騎將軍。太和六年薨，謚曰恭侯。子馥，嗣侯。初，太祖分洪户封子震列侯。洪族父瑜，脩慎篤敬，官至衛將軍，封列侯。

曹休字文烈，太祖族子也。天下亂，宗族各散去鄉里。休年十餘歲，喪父，獨與一客擔喪假葬，携將老母，渡江至吳。以太祖舉義兵，易姓名轉至荆州，閒行北歸，見太祖。太祖謂左右曰：『此吾家千里駒也。』使與文帝同止，見待如子。常從征伐，使領虎豹騎宿衛。劉備遣將吴蘭屯下辯，太祖遣曹洪征之，以休爲騎都尉，參洪軍事。太祖謂休曰：『汝雖參軍，其實帥也。』洪聞此令，亦委事於休。備遣張飛屯固山，欲斷軍後。衆議狐疑，休曰：『賊實斷道者，當伏兵潛行。今乃先張聲勢，此其不能也。宜及其未集，促擊蘭，蘭破則飛自走矣。』洪從之，進兵擊蘭，大破之，飛果走。太祖拔漢中諸軍還長安，拜休中領軍。文帝即王位，爲領軍將軍，録前後功，封東陽亭侯。夏侯惇薨，以休爲鎮南將軍，假節都督諸軍事，車駕臨送，上乃下輿執手而別。孫權遣將屯歷陽，休到，擊破之，又別遣兵渡江，燒賊蕪湖營數千家。遷征東將軍，領揚州刺史，進封安陽鄉侯。帝征孫權，以休爲征東大將軍，假黄鉞，督張遼等及諸州郡二十餘軍，擊權大將呂範等於洞浦，破之。拜揚州牧。明帝即位，進封長平侯。吴將審悳屯皖，休擊破之，斬悳首，吴將韓綜、翟丹等前後率衆詣休降。增邑四百，并前二千五百户，遷大司馬，都督揚州如故。太和二年，帝爲二道征吴，遣司馬宣王從漢水下，休督諸軍向尋陽。賊將僞降，休深入，戰不利，退還宿石亭。軍夜驚，士卒亂，棄甲兵輜重甚多。休上書謝罪，帝遣屯騎校尉楊暨慰諭，禮賜益隆。休因此癰發背薨，謚曰壯侯。子肇嗣。

肇有當世才度，爲散騎常侍、屯騎校尉。明帝寢疾，方與燕王宇等屬以後事。帝意尋變，詔肇以侯歸第。正始中薨。追贈衛將軍。子興嗣。初，文帝分休户三百封肇弟纂爲列侯，後爲殄吴將軍，薨，追贈前將軍。

得與之計事，天下當何憂哉！』以爲軍師。建安三年，從征張繡。攸言於太祖曰：『繡與劉表相恃爲强，然繡以游軍仰食於表，表不能供也，勢必離。不如緩軍以待之，可誘而致也；若急之，其勢必相救。』太祖不從，遂進軍之穰，與戰。繡急，表果救之。軍不利。太祖謂攸曰：『不用君言至是。』乃設奇兵復戰，大破之。

是歲，太祖自宛征呂布，至下邳，布敗退固守，攻之不拔，連戰，士卒疲，太祖欲還。攸與郭嘉説曰：『呂布勇而無謀，今三戰皆北，其鋭氣衰矣。三軍以將爲主，主衰則軍無奮意。夫陳宫有智而遲，今及布氣之未復，宫謀之未定，進急攻之，布可拔也。』乃引沂、泗灌城，城潰，生禽布。

後從救劉延於白馬，攸畫策斬顔良。語在《武紀》。太祖拔白馬還，遣輜重循河而西。袁紹渡河追，卒與太祖遇。諸將皆恐，説太祖還保營，攸曰：『此所以禽敵，奈何去之！』太祖目攸而笑。遂以輜重餌賊，賊競奔之，陳亂。乃縱步騎擊，大破之，斬其騎將文醜，太祖遂與紹相拒於官渡。軍食方盡，攸言於太祖曰：『紹運車旦暮至，其將韓莫鋭而輕敵，擊可破也。』太祖曰：『誰可使？』攸曰：『徐晃可。』乃遣晃及史涣邀擊破走之，燒其輜重。會許攸來降，言紹遣淳于瓊等將萬餘兵迎運糧，將驕卒惰，可要擊也。衆皆疑。唯攸與賈詡勸太祖。太祖乃留攸及曹洪守。太祖自將攻破之，盡斬瓊等。紹將張郃、高覽燒攻櫓降，紹遂棄軍走。郃之來，洪疑不敢受，攸謂洪曰：『郃計不用，怒而來，君何疑？』乃受之。

七年，從討袁譚、尚於黎陽。明年，太祖方征劉表，譚、尚争冀州。譚遣辛毗乞降請救，太祖將許之，以問群下。群下多以爲表强，宜先平之，譚、尚不足憂也。攸曰：『天下方有事，而劉表坐保江、漢之間，其無四方志可知矣。袁氏據四州之地，帶甲十萬，紹以寬厚得衆，借使二子和睦以守其成業，則天下之難未息也。今兄弟遘惡，此勢不兩全。若有所并則力專，力專則難圖也。及其亂而取之，天下定矣，此時不可失也。』太祖曰：『善。』乃許譚和親，遂還擊破尚。其後譚叛，從斬譚於南皮。冀州平，太祖表封攸曰：『軍師荀攸，自初佐臣，無征不從，前後克敵，皆攸之謀也。』於是封陵樹亭侯。十二年，下令大論功行封，太祖曰：『忠正密謀，撫寧内外，文若是也。公達其次也。』增邑四百，并前七百户，轉爲中軍師。魏國初建，爲尚書令。

攸深密有智防，自從太祖征伐，常謀謨帷幄，時人及子弟莫知其所言。太祖每稱曰：『公達外愚内智，外怯内勇，外弱内强，不伐善，無施勞，智可及，愚不可及，雖顔子、甯武不能過也。』文帝在東宫，太祖謂曰：『荀公達，人之師表也，汝當盡禮敬之。』攸曾病，世子問病，獨拜床下，其見尊異如此。攸與鍾繇善，繇言：『我每有所行，反覆思惟，自謂無以易；以咨公達，輒復過人意。』公達前後凡畫奇策十二，唯繇知之。繇撰集未就，會薨，故世不得盡聞也。攸從征孫權，道薨。太祖言則流涕。

長子緝，有攸風，早没。次子適嗣，無子，絶。黄初中，紹封攸孫彪爲陵樹亭侯，邑三百户，後轉封丘陽亭侯。正始中，追謚攸曰敬侯。

賈詡字文和，武威姑臧人也。少時人莫知，唯漢陽閻忠異之，謂詡有良、平之奇。察孝廉爲郎，

初，爽以宣王年德並高，恒父事之，不敢專行。及晏等進用，咸共推戴，説爽以權重不宜委之於人。乃以晏、颺、謐爲尚書，晏典選舉，軌司隸校尉，勝河南尹，諸事希復由宣王。宣王遂稱疾避爽。晏等專政，共分割洛陽、野王典農部桑田數百頃，及壞湯沐地以爲産業，承勢竊取官物，因緣求欲州郡。有司望風，莫敢忤旨。晏等與廷尉盧毓素有不平，因毓吏微過，深文致毓法，使主者先收毓印綬，然後奏聞。其作威如此。爽飲食車服，擬於乘輿；尚方珍玩，充牣其家；妻妾盈後庭，又私取先帝才人七八人，及將吏、師工、鼓吹、良家子女三十三人，皆以爲伎樂。詐作詔書，發才人五十七人送鄴臺，使先帝倢伃教習爲伎。擅取太樂樂器，武庫禁兵。作窟室，綺疏四周，數與晏等會其中，飲酒作樂。羲深以爲大憂，數諫止之。又著書三篇，陳驕淫盈溢之致禍敗，辭旨甚切，不敢斥爽，托戒諸弟以示爽。爽知其爲己發也，甚不悦。羲或時以諫喻不納，涕泣而起。宣王密爲之備。九年冬，李勝出爲荆州刺史，往詣宣王。宣王稱疾困篤，示以羸形。勝不能覺，謂之信然。

十年正月，車駕朝高平陵，爽兄弟皆從。宣王部勒兵馬，先據武庫，遂出屯洛水浮橋。奏爽曰：『臣昔從遼東還，先帝詔陛下、秦王及臣升御床，把臣臂，深以後事爲念。臣言「二祖亦屬臣以後事，此自陛下所見，無所憂苦；萬一有不如意，臣當以死奉明詔」。黄門令董箕等，才人侍疾者，皆所聞知。今大將軍爽背棄顧命，敗亂國典，内則僭擬，外專威權；破壞諸營，盡據禁兵，群官要職，皆置所親；殿中宿衛，歷世舊人皆復斥出，欲置新人以樹私計；根據槃互，縱恣日甚。外既如此，又以黄門張當爲都監，專共交關，看察至尊，候伺神器，離間二宫，傷害骨肉。天下洶洶，人懷危

懼，陛下但爲寄坐，豈得久安！此非先帝詔陛下及臣升御床之本意也。臣雖朽邁，敢忘往言？昔趙高極意，秦氏以滅；吕、霍早斷，漢祚永世。此乃陛下之大鑒，臣受命之時也。太尉臣濟、尚書令臣孚等，皆以爽爲有無君之心，兄弟不宜典兵宿衛，奏永寧宫。皇太后令敕臣如奏施行。臣輒敕主者及黄門令罷爽、羲、訓吏兵，以侯就第，不得逗留以稽車駕；敢有稽留，便以軍法從事。臣輒力疾將兵屯洛水浮橋，伺察非常。』

爽得宣王奏事，不通，迫窘不知所爲。大司農沛國桓範聞兵起，不應太后召，矯詔開平昌門，拔取劍戟，略將門候，南奔爽。宣王知，曰：『範畫策，爽必不能用範計。』範説爽使車駕幸許昌，招外兵。爽兄弟猶豫未決，範重謂羲曰：『當今日，卿門户求貧賤復可得乎？且匹夫持質一人，尚欲望活，今卿與天子相隨，令於天下，誰敢不應者？』羲猶不能納。侍中許允、尚書陳泰説爽，使早自歸罪。爽於是遣允、泰詣宣王，歸罪請死，乃通宣王奏事。遂免爽兄弟，以侯還第。

初，張當私以所擇才人張何等與爽。疑其有奸，收當治罪。當陳爽與晏等陰謀反逆，並先習兵，須三月中欲發，於是收晏等下獄。會公卿朝臣廷議，以爲『《春秋》之義，「君親無將，將而必誅」。爽以支屬，世蒙殊寵，親受先帝握手遺詔，托以天下，而包藏禍心，蔑棄顧命，乃與晏、颺及當等謀圖神器，範黨同罪人，皆爲大逆不道』。於是收爽、羲、訓、晏、颺、謐、軌、勝、範、當等，皆伏誅，夷三族。

嘉平中，紹功臣世，封真族孫熙爲新昌亭侯，邑三百户，以奉真後。

晏，何進孫也。母尹氏，爲太祖夫人。晏長于宫省，又尚公主，少以才秀知名，好老、莊言，作《道

魏書　諸夏侯曹傳第九

責貴在代。然則內代腓參，將先責代，五官派斂，孰能相糾？豈唯人心守卑而畏尊貴，亦其理勢自然不得不爾也。

太朝后思宣王聞以輔事，姦吏因此而弄之權，人皆知之不本，而于幾曹魏之綱維。夫太祖用人，固之綱以為己任之職也。

夫天賢不賢，最魚人類為也。豈非代族參雜，未聞舉賢，各先其要之路由結！苟令中五品卷計論董畢。

夫姦暫造審選，若眼其代路，不致天器之代委，而姑襲之。自此而中五品更官卑之來，行爭者計論董畢，豈不教彼參越政。

門禁之。當行政，漢河之流終官矣。何者？夫來計論善簿案門，豈不忠尽然簿在官平，豈不教彼簿起。

平之輝矣。識識簡俗。未聞簿案門，各先其要之門縮，不愈其途之思念也。自此簡中五品更官卑之來，而情議責官司咒矣。

當行政，漢河之流終官矣。何者？夫來計論善簿案門，其同案門，聖簿責官司，莫察然。

音大小，出音高下，順調其人簿勢，應必教中五千錢谳之國，各責官身，且已眼之參委。

官眷至音。更官前高下，類人眼縮，其任他官。樂興之圖，各責官身，莫察然。

好代士人。出官交發。而政自崇崇拮。且臺閣國不，樂人眼縮。香聞之音謅，而患其論真摯，聖竟責官司。

意。自數稔黨簿者。則不啖自來之彩粉流。香聞部卷其行政，眼其高下，審察輩擾。此教代爾。

簿無益他之代。難其眼縮其行政，中五輩鑘，出額火率而用之。彼其不縮。

調官前之代參。順其責貴自查音后。官眷祝榮，臺閣虛。

之。彼眼前。短音參雜。順其責貴自查音后。官眷祝榮，中五輩鑘，出額火率而用之。彼其不縮。

太朝后思宣王聞以輔事。若簿以為。一夫者大用人，國之綱也。姑錢谳事簿臺閣。士之代也。同。

─── 諸傳 ───

文帝聞而盡志曰。「林鱸之鍾蹿尚。身音迫也。」又代尚白己三百。忠竟亦于委圖闕內疚。

靈幸。贏臺亶室。黃身文也。姑文帝數人姦發之。尚悲惠。發陳泣涕。期藥野姜。不糰思員。發。

愛直。西計寸百餘里。山兄體夷姿婚肖者。正六平間，翰棚遺午案。正平。鲜桂昌委民發。尚音變姜。

督魏。定葺臺軍。夾正熱其民歃。本型並夷。如未發。會大棗。臨蜷尚氏諸軍數。尚自土衝。

茉削午六百戶。鹹朱發。而與吳國黃水發竟。蒼身俗愚正南。尚音變姜。

薛繼繼葺葺與尚益懌矼。葺歃人工中藩。黃陌三平。車臺幸或。教尚率諸軍與曹真共園大城。益健六百戶。

緒歃緸觀蓄。尚益都筵悟之錯。尚益木軍千五中。尚益葺拮軍事。文帝數封。山道劍轍。交不

徒鹹。革圖暐行。出其不意。順謝克之機也。黃陌三平。車臺幸或。教尚率諸軍與曹真共園大城。

鵬發。臺正南鍊軍。陞陷防逸。性平翘亭發。茉鸛鸛常書。家外職發。

文學。駿圖時事。升滘胡殘。並鸛誃亭發。太鴫蒞鴫克。鯗禮斂矼妣。更健正官發。

千擣關。尚栱綃餇。奉轷官歃襟。扯平翘亭發。太鴫蒞鴫。順為軍局患。鯗禮斂矼妣。太鴫崩。

夏聚尚字自仁。淵從子也。文帝與之親友。太鴫室冀州。尚為軍司馬。諎為正官歃。

《嵩篇》又若文彣蓄歃月遺十篇。

俗而審官才矣。』又以爲：『古之建官，所以濟育群生，統理民物也，故爲之君長以司牧之。司牧之主，欲一而專，一則官任定而上下安，專則職業脩而事不煩。夫事簡業脩，上下相安而不治者，未之有也。先王建萬國，雖其詳未可得而究，然分疆畫界，各守土境，則非重累羈絆之體也。下考殷、周五等之叙，徒有小大貴賤之差，亦無君官臣民而有二統互相牽制者也。夫官統不一，則職業不脩；職業不脩，則事何得而簡？事之不簡，則民何得而静？民之不静，則邪惡並興，而姦僞滋長矣。先王達其如此，故專其職司而一其統業。始自秦世，不師聖道，私以御職，姦以待下；懼宰官之不脩，立監牧以董之，畏督監之容曲，設司察以糾之；宰牧相累，監察相司，人懷異心，上下殊務。漢承其緒，莫能匡改。魏室之隆，日不暇及，五等之典，雖難卒復，可粗立儀準以一治制。今之長吏，皆君吏民，横重以郡守，累以刺史。若郡所攝，唯在大較，則與州同，無爲再重。宜省郡守，但任刺史；刺史職存則監察不廢，郡吏萬數，還親農業，以省煩費，豐財殖穀，一也。大縣之才，皆堪郡守，是非之訟，每生意異，順從則安，直己則爭。夫和羹之美，在於合異，上下之益，在能相濟，順從乃安，此琴瑟一聲也，蕩而除之，則官省事簡，二也。又幹郡之吏，職監諸縣，營護黨親，鄉邑舊故，如有不副，而因公掣頓，民之困弊，咎生于此，若皆并合，則亂原自塞，三也。今承衰弊，民人彫落，賢才鮮少，任事者寡，郡縣良吏，往往非一，郡受縣成，其劇在下，而吏之上選，郡當先足，此爲親民之吏，專得底下，吏者民命，而常頑鄙，今如并之，吏多選清良者造職，大化宣流，民物獲寧，四也。制使萬户之縣，名之郡守，五千以上，名之都尉，千户以下，令長如故，自長以上，考課遷用，轉以能升，所牧亦增，此進才效功之叙也，若經制一定，則官才有次，治功齊明，五也。若省郡守，縣皆徑達，事不擁隔，官無留滯，三代之風，雖未可必，簡一之化，庶幾可致，便民省費，在於此矣。』又以爲：『文質之更用，猶四時之迭興也，王者體天理物，必因弊而濟通之，時彌質則文之以禮，時泰侈則救之以質。今承百王之末，秦漢餘流，世俗彌文，宜大改之以易民望。今科制自公、列侯以下，位從大將軍以上，皆得服綾錦、羅綺、紈素、金銀餙鏤之物，自是以下，雜綵之服，通于賤人，雖上下等級，各示有差，然朝臣之制，已得侔至尊矣，玄黄之采，已得通於下矣。欲使市不鬻華麗之色，商不通難得之貨，工不作彫刻之物，不可得也。是故宜大理其本，準度古法，文質之宜，取其中則，以爲禮度。車輿服章，皆從質樸，禁除末俗華麗之事，使幹朝之家，有位之室，不復有錦綺之飾，無兼采之服，纖巧之物，自上以下，至于樸素之差，示有等級而已，勿使過一二之覺。若夫功德之賜，上恩所特加，皆表之有司，然後服用之。夫上之化下，猶風之靡草。樸素之教興於本朝，則彌侈之心自消於下矣。』

宣王報書曰：『審官擇人，除重官，改服制，皆大善。禮鄉閭本行，朝廷考事，大指如所示。而中間一相承習，卒不能改。秦時無刺史，但有郡守長吏。漢家雖有刺史，奉六條而已，故刺史稱傳車，其吏言從事，居無常治，吏不成臣，其後轉更爲官司耳。昔賈誼亦患服制，漢文雖身服弋綈，猶不能使上下如意。恐此三事，當待賢能然後了耳。』玄又書曰：『漢文雖身衣弋綈，而不革正法度，内外有僭擬之服，寵臣受無限之賜，由是觀之，似指立在身之名，非篤齊治制之意也。今公侯命世作宰，追踪上古，將隆至治，抑末正本，若制定於上，則化行於衆矣。夫當宜改之時，留殷勤之心，令發之

日，下之應也猶響尋聲耳，猶垂謙謙，曰「待賢能」，此伊周不正殷姬之典也。竊未喻焉。』

頃之，爲征西將軍，假節都督雍、涼州諸軍事。與曹爽共興駱谷之役，時人譏之。爽誅，徵玄爲大鴻臚，數年徙太常。玄以爽抑絀，内不得意。中書令李豐雖宿爲大將軍司馬景王所親待，然私心在玄，遂結皇后父光禄大夫張緝，謀欲以玄輔政。豐既内握權柄，子尚公主，又與緝俱馮翊人，故緝信之。豐陰令弟兗州刺史翼求入朝，欲使將兵入，并力起。會翼求朝，不聽。嘉平六年二月，當拜貴人，豐等欲因御臨軒，諸門有陛兵，誅大將軍，以玄代之，以緝爲驃騎將軍。豐密語黄門監蘇鑠、永寧署令樂敦、宂從僕射劉賢等曰：『卿諸人居内，多有不法，大將軍嚴毅，累以爲言，張當可以爲誡。』鑠等皆許以從命。大將軍微聞其謀，請豐相見，豐不知而往，即殺之。事下有司，收玄、緝、鑠、敦、賢等送廷尉。廷尉鍾毓奏：『豐等謀迫脅至尊，擅誅冢宰，大逆無道，請論如法。』於是會公卿朝臣廷尉議，咸以爲『豐等各受殊寵，典綜機密，緝承外戚椒房之尊，玄備世臣，並居列位，而包藏禍心，搆圖凶逆，交關閹豎，授以奸計，畏憚天威，不敢顯謀，乃欲要君脅上，肆其詐虐，謀誅良輔，擅相建立，將以傾覆京室，顛危社稷。毓所正皆如科律，報毓施行』。詔書：『齊長公主，先帝遺愛，原其三子死命。』於是豐、玄、緝、敦、賢等皆夷三族，其餘親屬徙樂浪郡。玄格量弘濟，臨斬東市，顏色不變，舉動自若，時年四十六。正元中，紹功臣世，封尚從孫本爲昌陵亭侯，邑三百户，以奉尚後。

初，中領軍高陽許允與豐、玄親善。先是有詐作尺一詔書，以玄爲大將軍，允爲太尉，共録尚書事。有何人天未明乘馬以詔版付允門吏，曰『有詔』，因便馳走。允即投書燒之，不以開呈司馬景王。

後豐等事覺，徙允爲鎮北將軍，假節督河北諸軍事。未發，以放散官物，收付廷尉，徙樂浪，道死。

清河王經亦與允俱稱冀州名士。甘露中爲尚書，坐高貴鄉公事誅。始經爲郡守，經母謂經曰：『汝田家子，今仕至二千石，物太過不祥，可以止矣。』經不能從，歷二州刺史，司隸校尉，終以致敗。允友人同郡崔贊，亦嘗以處世太盛戒允云。

評曰：夏侯、曹氏，世爲婚姻，故惇、淵、仁、洪、休、尚、真等並以親舊肺腑，貴重于時，左右勳業，咸有效勞。爽德薄位尊，沈溺盈溢，此固《大易》所著，道家所忌也。玄以規格局度，世稱其名，然與曹爽中外繾綣；榮位如斯，曾未聞匡弼其非，援致良才。舉茲以論，焉能免之乎！

魏書　韓崔高孫王傳第十

三國志卷十

魏書十

荀彧荀攸賈詡傳第十

荀彧字文若，潁川潁陰人也。祖父淑，字季和，朗陵令。當漢順、桓之間，知名當世。有子八人，號曰八龍。彧父緄，濟南相。叔父爽，司空。

彧年少時，南陽何顒異之，曰：『王佐才也。』永漢元年，舉孝廉，拜守宮令。董卓之亂，求出補吏。除亢父令，遂棄官歸，謂父老曰：『潁川，四戰之地也，天下有變，常爲兵衝，宜亟去之，無久留。』鄉人多懷土猶豫，會冀州牧同郡韓馥遣騎迎之，莫有隨者，彧獨將宗族至冀州。而袁紹已奪馥位，待彧以上賓之禮。彧弟諶及同郡辛評、郭圖，皆爲紹所任。彧度紹終不能成大事，時太祖爲奮武將軍，在東郡，初平二年，彧去紹從太祖。太祖大悦曰：『吾之子房也。』以爲司馬，時年二十九。是時，董卓威陵天下，太祖以問彧，彧曰：『卓暴虐已甚，必以亂終，無能爲也。』卓遣李傕等出關東，所過虜略，至潁川、陳留而還。鄉人留者多見殺略。明年，太祖領兗州牧，後爲鎮東將軍，彧常以司馬從。興平元年，太祖征陶謙，任彧留事。會張邈、陳宮以兗州反，潛迎吕布。布既至，邈乃使劉翊告彧曰：『吕將軍來助曹使君擊陶謙，宜亟供其軍食。』衆疑惑。彧知邈爲亂，即勒兵設備，馳召東郡太守夏侯惇，而兗州諸城皆應布矣。時太祖悉軍攻謙，留守兵少，而督將大吏多與邈、宮通謀。惇至，其夜誅謀叛者數十人，衆乃定。豫州刺史郭貢帥衆數萬來至城下，或言與吕布同謀，衆甚懼。貢

求見彧，彧將往。惇等曰：『君，一州鎮也，往必危，不可。』彧曰：『貢與邈等，分非素結也，今來速，計必未定；及其未定説之，縱不爲用，可使中立，若先疑之，彼將怒而成計。』貢見彧無懼意，謂鄄城未易攻，遂引兵去。又與程昱計，使説范、東阿，卒全三城，以待太祖。太祖自徐州還擊布濮陽，布東走。二年夏，太祖軍乘氏，大饑，人相食。

陶謙死，太祖欲遂取徐州，還乃定布。彧曰：『昔高祖保關中，光武據河內，皆深根固本以制天下，進足以勝敵，退足以堅守，故雖有困敗而終濟大業。將軍本以兗州首事，平山東之難，百姓無不歸心悦服。且河、濟，天下之要地也，今雖殘壞，猶易以自保，是亦將軍之關中、河內也，不可以不先定。今以破李封、薛蘭，若分兵東擊陳宮，宮必不敢西顧，以其閒勒兵收熟麥，約食畜穀，一舉而布可破也。破布，然後南結揚州，共討袁術，以臨淮、泗。若捨布而東，多留兵則不足用，少留兵則民皆保城，不得樵採。布乘虚寇暴，民心益危，唯鄄城、范、衛可全，其餘非己之有，是無兗州也。若徐州不定，將軍當安所歸乎？且陶謙雖死，徐州未易亡也。彼懲往年之敗，將懼而結親，相爲表裏。今東方皆以收麥，必堅壁清野以待將軍，將軍攻之不拔，略之無獲，不出十日，則十萬之衆未戰而自困耳。前討徐州，威罰實行，其子弟念父兄之耻，必人自爲守，無降心，就能破之，尚不可有也。夫事固有棄此取彼者，以大易小可也，以安易危可也，權一時之勢，不患本之不固可也。今三者莫利，願將軍熟慮之。』太祖乃止。大收麥，復與布戰，分兵平諸縣。布敗走，兗州遂平。

建安元年，太祖擊破黄巾。漢獻帝自河東還洛陽。太祖議奉迎都許，或以山東未平，韓暹、楊奉

新將天子到洛陽，北連張楊，未可卒制。彧勸太祖曰：『昔晉文納周襄王而諸侯景從，高祖東伐爲義帝縞素而天下歸心。自天子播越，將軍首唱義兵，徒以山東擾亂，未能遠赴關右，然猶分遣將帥，蒙險通使，雖禦難于外，乃心無不在王室，是將軍匡天下之素志也。今車駕旋軫，東京榛蕪，義士有存本之思，百姓感舊而增哀。誠因此時，奉主上以從民望，大順也；秉至公以服雄傑，大略也；扶弘義以致英俊，大德也。天下雖有逆節，必不能爲累，明矣。韓暹、楊奉其敢爲害！若不時定，四方生心，後雖慮之，無及。』太祖遂至洛陽，奉迎天子都許。天子拜太祖大將軍，進彧爲漢侍中，守尚書令。常居中持重，太祖雖征伐在外，軍國事皆與彧籌焉。太祖問彧：『誰能代卿爲我謀者？』彧言『荀攸、鍾繇』。先是，彧言策謀士，進戲志才。志才卒，又進郭嘉。太祖以彧爲知人，諸所進達皆稱職，唯嚴象爲揚州，韋康爲凉州，後敗亡。

自太祖之迎天子也，袁紹内懷不服。紹既并河朔，天下畏其强。太祖方東憂呂布，南拒張繡，而繡敗太祖軍於宛。紹益驕，與太祖書，其辭悖慢。太祖大怒，出入動静變於常，衆皆謂以失利於張繡故也。鍾繇以問彧，彧曰：『公之聰明，必不追咎往事，殆有他慮。』則見太祖問之，太祖乃以紹書示彧，曰：『今將討不義，而力不敵，何如？』彧曰：『古之成敗者，誠有其才，雖弱必强，苟非其人，雖强易弱，劉、項之存亡，足以觀矣。今與公爭天下者，唯袁紹爾。紹貌外寬而内忌，任人而疑其心，公明達不拘，唯才所宜，此度勝也。紹遲重少決，失在後機，公能斷大事，應變無方，此謀勝也。紹御軍寬緩，法令不立，士卒雖衆，其實難用，公法令既明，賞罰必行，士卒雖寡，皆爭致死，此武勝也。紹憑世資，從容飾智，以收名譽，故士之寡能好問者多歸之，公以至仁待人，推誠心不爲虚美，行己謹儉，而與有功者無所恡惜，故天下忠正效實之士咸願爲用，此德勝也。夫以四勝輔天子，扶義征伐，誰敢不從？紹之强其何能爲！』太祖悦。彧曰：『不先取呂布，河北亦未易圖也。』太祖曰：『然。吾所惑者，又恐紹侵擾關中，亂羌、胡，南誘蜀漢，是我獨以兖、豫抗天下六分之五也。爲將奈何？』彧曰：『關中將帥以十數，莫能相一，唯韓遂、馬超最强。彼見山東方爭，必各擁衆自保。今若撫以恩德，遣使連和，相持雖不能久安，比公安定山東，足以不動。鍾繇可屬以西事。則公無憂矣。』

三年，太祖既破張繡，東禽呂布，定徐州，遂與袁紹相拒。孔融謂彧曰：『紹地廣兵强；田豐、許攸，智計之士也，爲之謀；審配、逢紀，盡忠之臣也，任其事；顔良、文醜，勇冠三軍，統其兵：殆難克乎！』彧曰：『紹兵雖多而法不整。田豐剛而犯上，許攸貪而不治。審配專而無謀，逢紀果而自用，此二人留知後事，若攸家犯其法，必不能縱也，不縱，攸必爲變。顔良、文醜，一夫之勇耳，可一戰而禽也。』五年，與紹連戰。太祖保官渡，紹圍之。太祖軍糧方盡，書與彧，議欲還許以引紹。彧曰：『今軍食雖少，未若楚、漢在滎陽、成皋間也。是時劉、項莫肯先退，先退者勢屈也。公以十分居一之衆，畫地而守之，扼其喉而不得進，已半年矣。情見勢竭，必將有變，此用奇之時，不可失也。』太祖乃住。遂以奇兵襲紹別屯，斬其將淳于瓊等，紹退走。審配以許攸家不法，收其妻子，攸怒叛紹；顔良、文醜臨陣授首；田豐以諫見誅：皆如彧所策。

六年，太祖就穀東平之安民，糧少，不足與河北相支，欲因紹新破，以其閒擊討劉表。彧曰：

『今紹敗，其衆離心，宜乘其困，遂定之；而背兗、豫，遠師江、漢，若紹收其餘燼，承虛以出人後，則公事去矣。』太祖復次于河上。紹病死。太祖渡河，擊紹子譚、尚，而高幹、郭援侵略河東，關右震動，鍾繇帥馬騰等擊破之。語在《繇傳》。八年，太祖録彧前後功，表封彧爲萬歲亭侯。九年，太祖拔鄴，領冀州牧。或說太祖『宜復古置九州，則冀州所制者廣大，天下服矣。』太祖將從之，彧言曰：『若是，則冀州當得河東、馮翊、扶風、西河、幽、并之地，所奪者衆。前日公破袁尚，禽審配，海内震駭，必人人自恐不得保其土地，守其兵衆也；今使分屬冀州，將皆動心。且人多說關右諸將以閉關之計；今聞此，以爲必以次見奪。一旦生變，雖有守善者，轉相脅爲非，則袁尚得寬其死，而袁譚懷貳，劉表遂保江、漢之間，天下未易圖也。願公急引兵先定河北，然後修復舊京，南臨荆州，責貢之不入，則天下咸知公意，人人自安。天下大定，乃議古制，此社稷長久之利也。』太祖遂寢九州議。

是時荀攸常爲謀主。彧兄衍以監軍校尉守鄴，都督河北事。太祖之征袁尚也，高幹密遣兵謀襲鄴，衍逆覺，盡誅之，以功封列侯。太祖以女妻彧長子惲，後稱安陽公主。彧及攸并貴重，皆謙冲節儉，禄賜散之宗族知舊，家無餘財。十二年，復增彧邑千户，合二千户。

太祖將伐劉表，問彧策安出，彧曰：『今華夏已平，南土知困矣。可顯出宛、葉而閒行輕進，以掩其不意。』太祖遂行。會表病死，太祖直趨宛、葉如彧計，表子琮以州逆降。

十七年，董昭等謂太祖宜進爵國公，九錫備物，以彰殊勳，密以諮彧。彧以爲太祖本興義兵以匡朝寧國，秉忠貞之誠，守退讓之實；君子愛人以德，不宜如此。太祖由是心不能平。會征孫權，表請彧勞軍于譙，因輒留彧，以侍中光禄大夫持節，參丞相軍事。太祖軍至濡須，彧疾留壽春，以憂薨，時年五十。謚曰敬侯。明年，太祖遂爲魏公矣。

子惲，嗣侯，官至虎賁中郎將。初，文帝與平原侯植并有擬論，文帝曲禮事彧。及彧卒，惲又與植善，而與夏侯尚不穆，文帝深恨惲。惲早卒，子甝、霬以外甥故猶寵待。惲弟俣，御史中丞，俣弟詵，大將軍從事中郎，皆知名，早卒。詵弟顗，咸熙中爲司空。惲子甝，嗣爲散騎常侍，進爵廣陽鄉侯，年三十薨。子頵嗣。霬官至中領軍，薨，謚曰貞侯，追贈驃騎將軍。子愷嗣。霬妻，司馬景王、文王之妹也，二王皆與親善。咸熙中，開建五等，霬以著勳前朝，改封愷南頓子。

荀攸字公達，彧從子也。祖父曇，廣陵太守。攸少孤。及曇卒，故吏張權求守曇墓。攸年十三，疑之，謂叔父衢曰：『此吏有非常之色，殆將有奸！』衢寤，乃推問，果殺人亡命。由是異之。何進秉政，徵海内名士攸等二十餘人。攸到，拜黄門侍郎。董卓之亂，關東兵起，卓徙都長安。攸與議郎鄭泰、何顒、侍中种輯、越騎校尉伍瓊等謀曰：『董卓無道，甚於桀紂，天下皆怨之，雖資强兵，實一匹夫耳。今直刺殺之以謝百姓，然後據殽、函，輔王命，以號令天下，此桓文之舉也。』事垂就而覺，收顒、攸繫獄，顒憂懼自殺，攸言語飲食自若，會卓死得免。棄官歸，復辟公府，舉高第，遷任城相，不行。攸以蜀漢險固，人民殷盛，乃求爲蜀郡太守，道絶不得至，駐荆州。

太祖迎天子都許，遺攸書曰：『方今天下大亂，智士勞心之時也，而顧觀變蜀漢，不已久乎！』於是徵攸爲汝南太守，入爲尚書。太祖素聞攸名，與語大悅，謂荀彧、鍾繇曰：『公達，非常人也，吾

得與之計事，天下當何憂哉！』以爲軍師。建安三年，從征張繡。攸言於太祖曰：『繡與劉表相恃爲强，然繡以游軍仰食於表，表不能供也，勢必離。不如緩軍以待之，可誘而致也；若急之，其勢必相救。』太祖不從，遂進軍之穰，與戰。繡急，表果救之。軍不利。太祖謂攸曰：『不用君言至是。』乃設奇兵復戰，大破之。

是歲，太祖自宛征吕布，至下邳，布敗退固守，攻之不拔，連戰，士卒疲，太祖欲還。攸與郭嘉説曰：『吕布勇而無謀，今三戰皆北，其鋭氣衰矣。三軍以將爲主，主衰則軍無奮意。夫陳宫有智而遲，今及布氣之未復，宫謀之未定，進急攻之，布可拔也。』乃引沂、泗灌城，城潰，生禽布。

後從救劉延於白馬，攸畫策斬顔良。語在《武紀》。太祖拔白馬還，遣輜重循河而西。袁紹渡河追，卒與太祖遇。諸將皆恐，説太祖還保營，攸曰：『此所以禽敵，奈何去之！』太祖目攸而笑。遂以輜重餌賊，賊競奔之，陳亂。乃縱步騎擊，大破之，斬其騎將文醜，太祖遂與紹相拒於官渡。軍食方盡，攸言於太祖曰：『紹運車旦暮至，其將韓荀鋭而輕敵，擊可破也。』太祖曰：『誰可使？』攸曰：『徐晃可。』乃遣晃及史涣邀擊破走之，燒其輜重。會許攸來降，言紹遣淳于瓊等將萬餘兵迎運糧，將驕卒惰，可要擊也。衆皆疑。唯攸與賈詡勸太祖。太祖乃留攸及曹洪守。太祖自將攻破之，盡斬瓊等。紹將張郃、高覽燒攻櫓降，紹遂棄軍走。郃之來，洪疑不敢受，攸謂洪曰：『郃計不用，怒而來，君何疑？』乃受之。

七年，從討袁譚、尚於黎陽。明年，太祖方征劉表，譚、尚争冀州。譚遣辛毗乞降請救，太祖將許之，以問群下。群下多以爲表强，宜先平之，譚、尚不足憂也。攸曰：『天下方有事，而劉表坐保江、漢之閒，其無四方志可知矣。袁氏據四州之地，帶甲十萬，紹以寬厚得衆，借使二子和睦以守其成業，則天下之難未息也。今兄弟遘惡，此勢不兩全。若有所并則力專，力專則難圖也。及其亂而取之，天下定矣，此時不可失也。』太祖曰：『善。』乃許譚和親，遂還擊破尚。其後譚叛，從斬譚於南皮。冀州平，太祖表封攸曰：『軍師荀攸，自初佐臣，無征不從，前後克敵，皆攸之謀也。』於是封陵樹亭侯。十二年，下令大論功行封，太祖曰：『忠正密謀，撫寧内外，文若是也。公達其次也。』增邑四百，并前七百户，轉爲中軍師。魏國初建，爲尚書令。

攸深密有智防，自從太祖征伐，常謀謨帷幄，時人及子弟莫知其所言。太祖每稱曰：『公達外愚内智，外怯内勇，外弱内强，不伐善，無施勞，智可及，愚不可及，雖顔子、甯武不能過也。』文帝在東宫，太祖謂曰：『荀公達，人之師表也，汝當盡禮敬之。』攸曾病，世子問病，獨拜床下，其見尊異如此。攸與鍾繇善，繇言：『我每有所行，反覆思惟，自謂無以易；以咨公達，輒復過人意。』公達前後凡畫奇策十二，唯繇知之。繇撰集未就，會薨，故世不得盡聞也。攸從征孫權，道薨。太祖言則流涕。

長子緝，有攸風，早没。次子適嗣，無子，絶。黄初中，紹封攸孫彪爲陵樹亭侯，邑三百户，後轉封丘陽亭侯。正始中，追謚攸曰敬侯。

賈詡字文和，武威姑臧人也。少時人莫知，唯漢陽閻忠異之，謂詡有良、平之奇。察孝廉爲郎，

疾病去官，西還至汧，道遇叛氐，同行數十人皆爲所執。詡曰：『我段公外孫也，汝別埋我，我家必厚贖之。』時太尉段熲，昔久爲邊將，威震西土，故詡假以懼氐。氐果不敢害，與盟而送之，其餘悉死。詡實非段甥，權以濟事，咸此類也。

董卓之入洛陽，詡以太尉掾爲平津都尉，遷討虜校尉。卓婿中郎將牛輔屯陝，詡在輔軍。卓敗，輔又死，衆恐懼，校尉李傕、郭汜、張濟等欲解散，閒行歸鄉里。詡曰：『聞長安中議欲盡誅涼州人，而諸君棄衆單行，即一亭長能束君矣。不如率衆而西，所在收兵，以攻長安，爲董公報仇，幸而事濟，奉國家以徵天下，若不濟，走未後也。』衆以爲然。傕乃西攻長安。語在《卓傳》。後詡爲左馮翊，傕等欲以功侯之，詡曰：『此救命之計，何功之有！』固辭不受。又以爲尚書僕射，詡曰：『尚書僕射，官之師長，天下所望，詡名不素重，非所以服人也。縱詡昧于榮利，奈國朝何！』乃更拜詡尚書，典選舉，多所匡濟，傕等親而憚之。會母喪去官，拜光祿大夫。傕、汜等鬬長安中，傕復請詡爲宣義將軍。傕等和，出天子，祐護大臣，詡有力焉。天子既出，詡上還印綬。是時將軍段煨屯華陰，與詡同郡，遂去托傕煨。詡素知名，爲煨軍所望。煨內恐其見奪，而外奉詡禮甚備，詡愈不自安。

張繡在南陽，詡陰結繡，繡遣人迎詡。詡將行，或謂詡曰：『煨待君厚矣，君安去之？』詡曰：『煨性多疑，有忌詡意，禮雖厚，不可恃，久將爲所圖。我去必喜，又望吾結大援於外，必厚吾妻子。繡無謀主，亦願得詡，則家與身必俱全矣。』詡遂往，繡執子孫禮，煨果善視其家。詡説繡與劉表連和。太祖比征之，一朝引軍退，繡自追之。詡謂繡曰：『不可追也，追必敗。』繡不從，進兵交戰，大敗而還。詡謂繡曰：『促更追之，更戰必勝。』繡謝曰：『不用公言，以至於此。今已敗，奈何復追？』詡曰：『兵勢有變，亟往必利。』繡信之，遂收散卒赴追，大戰，果以勝還。問詡曰：『繡以精兵追退軍，而公曰必敗；退以敗卒擊勝兵，而公曰必剋。悉如公言，何其反而皆驗也？』詡曰：『此易知耳。將軍雖善用兵，非曹公敵也。軍雖新退，曹公必自斷後；追兵雖精，將既不敵，彼士亦鋭，故知必敗。曹公攻將軍無失策，力未盡而退，必國內有故；已破將軍，必輕軍速進，縱留諸將斷後，諸將雖勇，亦非將軍敵，故雖用敗兵而戰必勝也。』繡乃服。是後，太祖拒袁紹於官渡，紹遣人招繡，并與詡書結援。繡欲許之，詡顯於繡坐上謂紹使曰：『歸謝袁本初，兄弟不能相容，而能容天下國士乎？』繡驚懼曰：『何至於此！』竊謂詡曰：『若此，當何歸？』詡曰：『不如從曹公。』繡曰：『袁强曹弱，又與曹爲讎，從之如何？』詡曰：『此乃所以宜從也。夫曹公奉天子以令天下，其宜從一也。紹强盛，我以少衆從之，必不以我爲重。曹公衆弱，其得我必喜，其宜從二也。夫有霸王之志者，固將釋私怨，以明德於四海，其宜從三也。願將軍無疑！』繡從之，率衆歸太祖。太祖見之，喜，執詡手曰：『使我信重於天下者，子也。』表詡爲執金吾，封都亭侯，遷冀州牧。冀州未平，留參司空軍事。袁紹圍太祖於官渡，太祖糧方盡，問詡計焉出，詡曰：『公明勝紹，勇勝紹，用人勝紹，決機勝紹，有此四勝而半年不定者，但顧萬全故也。必決其機，須臾可定也。』太祖曰：『善。』乃并兵出，圍擊紹三十餘里營，破之。紹軍大潰，河北平。太祖領冀州牧，徙詡爲太中大夫。建安十三年，太祖破荆州，欲順江東下。詡諫曰：『明公昔破袁氏，今收漢南，威名遠著，軍勢既大，若乘舊楚之饒，以饗吏

士，撫安百姓，使安士樂業，則可不勞衆而江東稽服矣。』太祖不從，軍遂無利。太祖後與韓遂、馬超戰於渭南，超等索割地以和，并求任子。詡以爲可僞許之。又問詡計策，詡曰：『離之而已。』太祖曰：『解。』一承用詡謀。語在《武紀》。卒破遂、超，詡本謀也。

是時，文帝爲五官將，而臨菑侯植才名方盛，各有黨與，有奪宗之議。文帝使人問詡自固之術，詡曰：『願將軍恢崇德度，躬素士之業，朝夕孜孜，不違子道。如此而已。』文帝從之，深自砥礪。太祖又嘗屏除左右問詡，詡嘿然不對。太祖曰：『與卿言而不答，何也？』詡曰：『屬適有所思，故不即對耳。』太祖曰：『何思？』詡曰：『思袁本初、劉景升父子也。』太祖大笑，於是太子遂定。詡自以非太祖舊臣，而策謀深長，懼見猜疑，闔門自守，退無私交，男女嫁娶，不結高門，天下之論智計者歸之。

文帝即位，以詡爲太尉，進爵魏壽鄉侯，增邑三百，并前八百户。又分邑二百，封小子訪爲列侯。以長子穆爲駙馬都尉。帝問詡曰：『吾欲伐不從命以一天下，吴、蜀何先？』對曰：『攻取者先兵權，建本者尚德化。陛下應期受禪，撫臨率土，若綏之以文德而俟其變，則平之不難矣。吴、蜀雖蕞爾小國，依阻山水，劉備有雄才，諸葛亮善治國，孫權識虚實，陸議見兵勢，據險守要，泛舟江湖，皆難卒謀也。用兵之道，先勝後戰，量敵論將，故舉無遺策。臣竊料群臣，無備、權對，雖以天威臨之，未見萬全之勢也。昔舜舞干戚而有苗服，臣以爲當今宜先文後武。』文帝不納。後興江陵之役，士卒多死。詡年七十七，薨，謚曰肅侯。子穆嗣，歷位郡守。穆薨，子模嗣。

評曰：荀彧清秀通雅，有王佐之風，然機鑒先識，未能充其志也。荀攸、賈詡，庶乎算無遺策，經達權變，其良、平之亞歟！